Das Hundespielebuch

50 Hundespiele für zuhause und unterwegs. Mit Hundetraining, Hundeerziehung und Hundespielzeug selber machen zu mehr Abwechslung im Alltag. Inklusive 55 Hundeleckerlirezepten.

2. Auflage 2019

ISBN: 9781797611419

Inhaltsverzeichnis

VORWORT

Zunächst einmal freuen wir uns sehr, dass du dich mit diesem Buch dazu entschieden hast mehr Abwechslung in den Alltag deines Hundes, aber auch deinen eigenen Alltag, zu bringen. In dem Alltagsstress passiert es leider ab und zu, dass unser Liebling zu kurz kommt, obwohl wir uns dessen gar nicht richtig bewusst sind. Die meisten Hunderassen geben sich damit zufrieden, wenn sie 2-3 Mal am Tag Gassi gehen und das ein oder andere Mal mit ihrem Besitzer spielen. Dennoch wären diese Hunde nicht davon abgeneigt mehr beschäftigt zu werden. Das stellt dich als Besitzer dann vor ein Dilemma, da dir entweder die Ideen ausgehen und du keine Motivation hast nach neuen Inspirationen zu suchen oder diese motivierte Phase hält nicht allzu lange an und dann schleicht sich schnell der Alltag wieder ein und alles ist wie zuvor. Doch damit soll nun Schluss sein!

Mithilfe dieses Buches wird es dir möglich sein, deinen Hund einfach und kreativ zu beschäftigen. Dabei spielt auch das Wetter absolut keine Rolle, da für jedes Wetter etwas dabei ist. Genauso gibt es unterschiedliche Fähigkeiten, die von deinem Hund gefordert und trainiert werden. Außerdem variieren auch die Spielarten. So kannst du zum einen deinem Hund die Abwechslung und Beschäftigung bieten, die er braucht. Zum anderen bist du nicht davon abhängig, ob dein Hund die eine Art von Spielen mag oder eben nicht.

Wir von DogBuddies Academy haben es uns zur Aufgabe gemacht das Miteinander von Hund und Mensch zu stärken und Abwechslung in den Alltag zu bringen. Dein Hund wird die Spiele lieben und du wirst es lieben deinen Hund so beschäftigt und freudig bei der Sache zu sehen.

Wir hoffen, dass dir die folgenden Spiele als Inspiration dienen und du viel Spaß mit deinem Vierbeiner haben wirst. Viel Spaß!

DogBuddies Academy

(P.S.: Am Ende haben wir noch eine super Empfehlung für dich!)

EINFÜHRUNG

Die Beziehung zwischen dem Menschen und dem Hund ist etwas Besonderes. Sie ist kostbar und meistens von beiden Seiten bedingungslos. So ziehen viele Menschen ihre Vierbeiner anderen Menschen ohne zu zögern vor, komme was wolle. In der Regel schafft man es als Besitzer 2-3 Mal pro Tag mit seinem Hund rauszugehen. Am Anfang, wenn man den Hund als Welpen bekommen hat, geht man zusätzlich mit ihm zur Hundeschule. Später besucht man zusammen eventuell noch Apportierkurse oder macht Agility Training. Mit der Zeit wird die Beschäftigung deines Hundes immer weniger und immer eintöniger. Die meisten Hunde scheint es nicht zu stören, allerdings sind diese auch froh, wenn du mit ihnen Spaß haben möchtest und dich mit ihnen ausgiebig, mehrmals am Tag, beschäftigst. Deswegen sind Spiele im Alltag vor allem für die Beziehung zwischen Hund und Herrchen so wichtig. Sie können die Beziehung stärken und Abwechslung in den langweiligen Alltag bringen und somit beide Seiten näher zueinander bringen.

Grundlegende Kommandos

Grundlegende Kommandos sind die, die dein Hund meist als Erstes in der Hundeschule lernt und unbedingt beherrschen sollte. Wenn dies nicht der Fall ist, wird dein Alltag mit deinem Hund unnötig stressig und eure Beziehung dadurch beeinträchtigt. Auch beim Spielen mit deinem Hund ist das Beherrschen der Kommandos ein enormer Vorteil und bildet somit die Grundlage dafür, dass die Spiele erfolgreich gelingen. Im Folgenden einige Kommandos, die dein Hund können sollte.

Sitz:

Dein Hund sollte sich auf den Befehl „Sitz“ hinsetzen und solange in dieser Position bleiben bis du deinen Befehl aufhebst. Sitz ist vor allem wichtig, bevor du deinem Hund beispielsweise ein Leckerli zuwirfst und bildet die Grundlage für viele weitere Kommandos. Darüber hinaus sollte dein Hund beispielsweise beim Überqueren der Straße mit dem Kommando „Sitz“ am Straßenrand warten und nicht in Versuchung geraten auf die Straße oder direkt vor dir über die Straße zu laufen.

Platz:

„Platz“ ist das Kommando, was meistens auf ein „Sitz“ folgt. Bei diesem Kommando sollte sich dein Hund hinlegen und anschließend auch möglichst ruhig bleiben. Dein Hund sollte sich weder groß bewegen, noch jaulen oder bellen.

Bleib:

Das Beherrschen des Kommandos „Bleib“ ist wohl eines der wichtigsten. Mit dem Aussprechen des Kommandos sollte dein Hund an der Stelle stehen, sitzen oder liegen bleiben, an der du das Kommando gibst und sich auch nicht mehr bewegen. Dabei ist es auch wichtig, dass dein Hund weder jault noch bellt.

Aus:

„Aus“ ist ein Kommando, das vor allem beim Apportieren eine wichtige Rolle spielt. Dein Hund muss verstehen, dass er mit dem Befolgen des Kommandos „Aus“ mit dir kooperiert und dass aus dieser Kooperation nur Vorteile für ihn resultieren. Auch im Alltag vor allem, wenn die Hunde noch jünger sind, ist dieses Kommando wichtig, damit du nicht deinem Hund hinterher laufen und mit ihm um Gegenstände zerren musst.

Nein:

„Nein“ und „Aus“ sind in einigen Situationen Kommandos, die gerne für die gleichen Dinge genutzt werden. Allerdings ist „Aus“ meist nur auf das tatsächliche Übergeben von Dingen bezogen. „Nein“ hingegen kann auch in anderen Situationen genutzt werden, beispielsweise, wenn dein Hund etwas nicht fressen oder irgendwohin nicht laufen soll – einfach, wenn er etwas nicht tun soll.

Bei Fuß:

„Bei Fuß" fällt vielen Hundebesitzern sehr schwer. Selbst, wenn dein Hund nach der Hundeschule dieses Kommando befolgen konnte, nimmt man es mit der Zeit weniger ernst und irgendwann reagiert der Hund bei diesem Kommando nicht mehr wirklich und die korrekte Ausführung ist auch selten vorhanden. Dabei ist „Bei Fuß" ein sehr wichtiges Kommando, wenn es darum geht die Grundlage für jegliche Bewegungsfreiheit zu gewähren. Nur, wenn dein Hund das Kommando beherrscht, kannst du ihn guten Gewissens und mit vollstem Vertrauen ohne Leine laufen lassen – und das in jeder Situation.

Hier:

Das Kommando „Hier" ist ebenfalls für das Laufen ohne Leine sehr wichtig. Wenn du deinen Hund frei laufen lässt, dann ist es essenziell, dass dein Hund auf dein Kommando „Hier" direkt zu dir zurückkommt. Dabei spielt es keine Rolle was dein Hund zuvor gemacht hat, er muss ohne Umschweife zu dir kommen.

Das sind unserer Meinung nach die Kommandos, die im Alltag mit Hund beherrscht werden sollten. Sie erleichtern das Miteinander und du hast mehr Kontrolle über deinen Hund, damit dieser dir nicht auf der Nase herumtanzt. Diese Kommandos bilden die Grundlage für die weiteren Aktivitäten, die du mit deinem Hund anschließend unternehmen kannst. Wenn dein Hund diese Kommandos nicht beherrscht, wirst du Sportarten, Spiele und andere Bewegungsmöglichkeiten nicht vernünftig ausführen können. Deswegen ist es sehr wichtig, dass du mit deinem Hund auf dem Gebiet der Grundlagen sehr sicher bist und dein Hund die Ausführungen sehr gut befolgt. Wenn du während der Aktivitäten ständig die Grundlagen auffrischen musst, wirst du mit deinem Hund keine Freude daran haben können und es wird für euch beide eher eine Belastung der Beziehung, statt einer Verbesserung.

Spezielle Kommandos für deinen Hund

Spezielle Kommandos sind die Kommandos, die dein Hund nicht unbedingt beherrschen muss. Allerdings sind auch neue Kommandos eine gute Möglichkeit, um deinen Hund zu trainieren und ihn fit zu halten. Mal davon abgesehen macht es uns als Besitzern Spaß dem Hund neue Dinge beizubringen. Im Folgenden findest du einige Kommandos, die wir ganz gut finden, um sie Hunden beizubringen.

Leckerli auf der Nase balancieren:

Bei diesem Kommando lässt du zunächst deinen Hund vor dir „Sitzen". Anschließend legst du ihm einen Finger auf die Schnauze. Toleriert dein Hund deinen Finger, lobst du ihn und belohnst ihn mit einem Leckerli. Dieses Vorgehen wiederholst du mehrmals, sodass dein Hund lernt, auch mit leichtem Gewicht auf der Schnauze still zu halten. Im nächsten Schritt legst du den Finger auf seine Schnauze, allerdings bewegst du währenddessen ein Leckerli vor seiner Nase hin und her. Damit soll dein Hund lernen, trotz des Futterreizes, still zu halten. Zu guter Letzt entfernst du langsam den Finger und gibst das „Okay" zum Fressen des Leckerlis. Dabei musst du darauf achten das am Anfang möglichst schnell zu machen, damit dein Hund nicht von selber die Position auflöst. Nun sollte dein Hund es schaffen, trotz eines Leckerlis auf seiner Schnauze, zu warten bis du ihm das Kommando zum Fressen und auflösen der Position gibst.

Rolle:

Für die meisten Hunde vermutlich schon bekannt, aber interessant für diejenigen, die dieses Kommando noch nicht erlernt haben oder es noch einmal auffrischen wollen. Zunächst muss dein Hund „Platz" machen. Dann musst du ihm das Kommando „Bleib" geben. Anschließend drehst du deinen Hund vorsichtig auf die Seite oder sogar schon auf den Rücken. Während du das machst, gibst du das Kommando „Rollen" oder „Rolle". Sollte dein Hund Anzeichen von Panik zeigen, taste dich mit ihm gemeinsam an dieses Kommando heran.

Im Haushalt helfen:

Hierbei ist vor allem das Apportieren wichtig. Wenn dein Hund es bereits kann umso praktischer. Wenn du zum Beispiel eine Kiste hast, in die immer das Altpapier kommt, dann bringst du deinem Hund bei Altpapier aufzunehmen und dann in diese Kiste zu bringen. Zunächst beginnst du selbstverständlich mit einer geringeren Distanz und übst das Ganze so lange, bis dein Hund verstanden hat was zu tun ist. Dann erweiterst du die Distanz bis zur wirklichen Distanz und gibst deinem Hund bei der Aufnahme des Altpapieres ein Kommando, das deinem Hund zu verstehen geben soll, dass er das Altpapier wegräumen soll.

Links oder rechts laufen:

Um deinem Hund Rechts und Links beizubringen, musst du ihn einfach durch deine Beine laufen lassen. Während des Gehens, nimmst du das rechte Bein nach vorne, lockst deinen Hund mit einem Leckerli hindurch und gibst dabei das Kommando rechts. Mit links ist es das gleiche Spiel, allerdings musst du das linke Bein nach vorne nehmen. Das machst du so lange bis dein Hund es auch ohne Leckerli versteht, sondern lediglich das Kommando ausführt ohne jedes Mal eine Belohnung zu erwarten. Selbstverständlich ist es nicht jedem Hundehalter größentechnisch möglich den Hund durch die Beine laufen zu lassen, dementsprechend kannst du das Kommando so üben, dass dein Hund hinter dir geht und du das ein Leckerli in den Händen wechselst, sodass dein Hund jeweils die Seite wechseln muss und du dabei die Richtung angibst.

Socke ausziehen:

Manchmal ist man als Mensch einfach zu faul um sich die Socken selber auszuziehen. Dementsprechend wäre es doch praktisch, wenn diese Aufgabe von deinem Hund übernommen wird. Um deinem Hund dieses Kommando beizubringen und ihn davon abzuhalten mit der Socke abzuhauen oder sie kaputt zu machen, übst du das Ganze zunächst auf deiner Hand. Du nimmst eine Socke und stülpst sie dir über die Hand. Dann muss dein Hund die Socke vorsichtig von deiner Hand nehmen. Positives Verhalten wird gelobt. Sobald dein Hund die Socke von deiner Hand ziehen kann, ohne dir ausversehen wehzutun oder die Socke zu beschädigen, kannst du dir die Socke ganz normal vom Fuß ziehen lassen.

Mitte:

Wenn du deinen Hund frei laufen lässt, kann es definitiv nicht schaden, wenn dein Hund auf Kommando zwischen deinen Beinen „Sitz" macht. Bei dem beibringen dieses Kommandos stellst du dich normal hin. Du machst deinen Hund auf dich aufmerksam und wirfst dann ein Leckerli, etwas schräg nach außen, hinter dich. Dein Hund wird dem Leckerli folgen. Anschließend stellst du dich etwas breitbeinig hin und hältst ein Leckerli zwischen deine Beine. Du rufst deinen Hund, sodass er von hinten zwischen deine Beine kommt. Dort steht er zunächst und du belohnst ihn mit einem Leckerli. Diesen Vorgang wiederholst du so lange, bis dein Hund nahezu automatisch zwischen deine Beine kommt. Dann gibst du ihm zwischen deinen Beinen das Kommando zum Sitzen. Sobald dein Hund sich automatisch dreht und zwischen deine Beine kommt, führst du das Kommando „Mitte" ein.

In der Mitte laufen:

Wenn dein Hund nun das Kommando „Mitte" beherrscht, ist es zusätzlich praktisch, wenn er auch zwischen deinen Beinen mit dir mitlaufen kann. Dazu lässt du deinen Hund zwischen deinen Beinen stehen und gehst dann einige Schritte vorwärts. Dann bleibst du wieder stehen. Damit dein Hund auch zwischen deinen Beinen bleibt, lockst du ihn mit einem Leckerli, sodass dein Hund die ganze Zeit nach oben guckt. Die Strecke, die du mit deinem Hund zwischen den Beinen laufend zurücklegst, erweiterst du dann Stück für Stück. Dabei ist es wichtig, dass sich dein Hund von den Umweltreizen nicht ablenken lässt.

High 5:

Damit dir dein Hund ein High 5 geben kann, muss er dir zuerst die Pfote geben können. Auf dieser Basis bauen wir dann auf. Zunächst lässt du dir die Pfote geben. Dann zeigst du deinem Hund die Hand nicht mehr von unten, sondern veränderst Stück für Stück die Position und hebst sie höher, bis sie irgendwann so ist, dass dein Hund dir im Sitzen ein High 5 geben kann. Jedes positive Verhalten wird belohnt.

Licht an/ aus:

Dieses Kommando braucht im Aufbau etwas länger. Zunächst bringst du einen Klebezettel an der Wand unter dem Lichtschalter an, auf einer Höhe an die dein Hund problemlos herankommen kann. Dann belohnst du ihn jedes Mal, wenn er den Kleber mit der Pfote berührt. Den Klebezettel klebst du dann immer ein Stück höher. Dein Hund muss mehrmals hintereinander sicher den Klebezettel berühren, bevor es in die nächsthöchste Stufe geht. Zu guter Letzt klebst du den Klebezettel dann auf deinen Lichtschalter. Sobald dein Hund den Lichtschalter mit der Pfote berührt, führst du das zugehörige Kommando ein. Sobald dein Hund darin sicher ist, entfernst du den Klebezettel. Im Laufe der nächsten Tage vergrößerst du die Entfernung deines Hundes zu dem Lichtschalter, sodass dein Hund das Kommando irgendwann umsetzen kann, unabhängig von seiner Ausgangsposition. Bei diesem Kommando ist es wichtig, dass dein Hund von der Größe her überhaupt die Möglichkeit hat an den Lichtschalter zu kommen und dass du keine Probleme damit hast, dass deine Wand vermutlich beschädigt wird, da dein Hund beim Lichtschalter treffen nicht so präzise sein wird. Dein Hund wird dieses Kommando nur optimal ausführen können, wenn du zu Hause einen regulären Kippschalter hast.

Tür zu:

Bei dem Beibringen dieses Kommandos gehst du ähnlich vor wie bei dem vorherigen. Du nimmst eine Tür deiner Wahl und klebst auf der Höhe der Schnauze deines Hundes einen Klebezettel an die Tür. Dann bringst du deinem Hund bei diesen mit der Schnauze zu berühren und belohnst ihn bei erfolgreicher Ausführung. Sobald dein Hund dieses Vorgehen zuverlässig wiederholt, führst du das Kommando ein. Wenn dein Hund lieber zieht als stupst, kannst du auch ein Band an die Türklinke binden und deinem Hund beibringen an diesem Band zu ziehen, sodass sich die Tür schließt.

Sport für Hund und Besitzer

Die Kommandos bilden die Basis. Die tägliche Bewegung deines Hundes besteht meistens aus Spaziergängen, bei denen du eventuell Werfspiele ausgeführst, aus gelegentlichen Spieleeinheiten mit anderen Hunden oder vielleicht aus Agility Training oder anderen Beschäftigungen. Die Mehrheit aller Hundebesitzer wird sich, in dem meist stressigen Alltag, jedoch wahrscheinlich auf das mehrmalige Gassigehen beschränken. Doch auch du als Besitzer möchtest dich gelegentlich sportlich betätigen. Dein Hund könnte auch mehr Bewegung vertragen. Warum dann nicht diese beiden Tatsachen in einer Aktivität erledigen?

Du kannst mit deinem Hund so einige Sportarten ausführen, sodass ihr beide auf euren täglichen Bewegungsbedarf kommt und zusätzlich eure Beziehung stärkt.

Das solltest du davor beachten

- Wenn du mit deinem Hund laufen gehst, sollte der Untergrund möglichst weich sein, um die Gelenke nicht zu sehr zu belasten.
- Mit Welpen solltest du auf die meisten Sportarten verzichten, da es sonst zu Gelenkschäden kommen kann.
- Keine Frisbee aus Plastik verwenden, da dies die Zähne beschädigen kann.
- Keine Tennisbälle benutzen, da das Material den Zahnschmelz feiner werden lässt.
- Beim Fußball sollte selbstverständlich die Größe des Balles an deinen Hund angepasst werden, außerdem solltest du nie direkt auf deinen Hund zielen.
- Nicht bei der Mittagshitze deinen Hund der Wärme aussetzen.
- Bei Sport im Sommer deinem Hund ausreichend zu trinken geben.
- Immer darauf achten, dass dein Hund noch kann, sonst das Tempo verringern.
- Vor anstrengenden Sportarten mindestens 2 Stunden vorher nichts mehr zu fressen geben, da sich deinem Hund sonst der Magen umdrehen kann.

Joggen:

Joggen kommt einem meist als erste Bewegungsmöglichkeit in den Sinn. Eventuell hast du es mit deinem Vierbeiner auch bereits ausgetestet. Dabei ist es wichtig, dass es draußen nicht zu warm ist und ihr beide genug zu trinken bekommt. Du musst darauf achten, dass ihr ein Tempo habt, was ihr auch über eine längere Strecke halten könnt. Fangt zunächst mit einer kürzeren Strecke an und steigert euch dann Stück für Stück. Der Untergrund für deinen Hund sollte möglichst weich sein, damit die Gelenke geschont werden. Je nachdem wie es für euch beide besser passt, lässt du deinen Hund an der Leine oder lässt ihn „Bei Fuß“ laufen.

Walken:

Walken ist eine entspanntere Form der Bewegung und dennoch anders als das normale Spazierengehen. Dabei kannst du ganz normal walken gehen und nimmst nur diesmal deinen Hund mit. Je nach Größe deines Hundes kannst du dein Walktempo anpassen. Dabei ist es wichtig, dass du deinen Hund nicht wie sonst die Gegend erkunden lässt, sondern dein Hund stets an deiner Seite bleibt und sich lediglich der Umwelt zuwendet, wenn du ihm die Erlaubnis dazu gibst. Walken führt zu mehr Ausdauer und Energie. Darüber hinaus stärkt das Walken das Herz Kreislauf-System und senkt den Blutdruck.

Rad fahren:

Das Fahrradfahren ist nicht für jede Hunderasse geeignet. Vor allem für kleine Hunde bietet sich diese Art der Bewegung nicht an, da sie nach sehr kurzer Zeit kaputt sein werden. Viele Hunde haben zunächst vor dem Fahrrad Angst, weswegen es ratsam ist deinen Hund zunächst langsam mit deinem Fahrrad vertraut zu machen, bevor ihr eure erste Runde dreht. Am besten beginnst du damit dein Fahrrad neben deinem Hund herzuschieben. Außerdem sollte der Untergrund nicht zu hart sein, wegen der Gelenkbelastung und es sollte draußen nicht zu warm sein. Vor allem beim Fahrradfahren solltest du deinen Hund vorher einem Gesundheitscheck unterziehen falls Bedenken aufkommen, da die Geschwindigkeit und Anstrengung bei dieser Sportart mit am größten ist. Am wichtigsten ist jedoch, dass dein Hund auch ohne Leine einwandfrei auf die wichtigsten Kommandos hört und stets an deiner Seite bleibt. Denn mit einer Leine Fahrrad zu fahren birgt ein gewisses Risiko, sowohl für deinen Hund als auch für dich selbst. Dementsprechend ist es wichtig, dass dein Hund Kommandos wie „Stopp", „Weiter", „Sitz" oder „Bei Fuß" beherrscht – und das immer, damit du deinen Hund nur durch deine Stimme lenken kannst.

Fußball spielen:

Beim Fußballspielen kannst du entweder nur mit deinem Hund spielen, wenn das funktioniert oder dein Hund befindet sich in der Mitte und muss versuchen an den Ball zu kommen. Hierbei ist es wichtig, dass du nie direkt auf deinen Hund zielst. Außerdem sollte die Größe des Balles auf die Größe deines Hundes angepasst werden, damit das Spiel überhaupt richtig funktionieren kann. Es gibt spezielle Bälle für Hunde, die sich für das Fußballspielen mit Hund anbieten, da sie weniger schnell kaputt gehen und zahnfreundlicher sind. Hinzukommt, dass dein Hund das Kommando „Aus" einwandfrei beherrscht und im Falle dessen, dass dein Hund den Ball nicht wieder freigeben möchte, solltest du dich nicht auf ein Zerrspiel einlassen, da dieses die Zähne schädigen könnte. Wenn du jedoch Lust auf Zerrspiel hast, sind zwei Dinge besonders wichtig: Wenn dein Hund sich zu dominant verhält, darfst du nicht nachgeben, sondern solltest stattdessen deine Position als Rudelführer entschieden stärken, indem du klare Kommandos gibst auf die dein Hund auch zu hören hat. Wenn dein Hund allerdings etwas eingeschüchtert und schon fast verzweifelt wirkt, darfst du ihn ruhig damit belohnen, dass du nachgibst und er gewonnen hat.

Schwimmen:

Genauso wie für uns Menschen ist dies auch für Hunde eine Sportart, die sehr gelenkschonend ist und gleichzeitig die Ausdauer trainiert. Manche Hunde haben eine Begeisterung für Wasser, wohingegen andere eher eine große Portion Respekt vor dem Wasser haben. Gewöhne deinen Hund langsam daran, anstatt ihn direkt ins kalte Wasser zu schmeißen. Außerdem solltest du es akzeptieren, falls Wasser einfach nicht das Element deines Hundes ist. Es gibt schließlich genügend Alternativen. Vor allem bei Hunden mit Arthrose ist das Schwimmen die optimale Sportart. Des Weiteren werden durch schwimmen sowohl das Herz als auch die Muskeln gestärkt.

Wasserarbeit:

Wie bereits bei dem Sport –Schwimmen- erklärt, gibt es viele Hunde, deren Element Wasser ist. Dementsprechend muss es nicht nur bei dem einfachen schwimmen bleiben, sondern man kann verschiedene Fähigkeiten auch im Wasser ausprägen und Aufgaben üben. Beispielsweise kann dein Hund verschiedenste, dafür geeignete, Gegenstände aus dem Wasser apportieren oder sogar einen Menschen bergen. Aber darüber hinaus gibt es auch noch viele weitere Aufgaben, die dein Hund im Wasser erledigen kann.

Inline Skating:

Inline Skating als Sportart kann ein gewisses Risiko für dich als Besitzer darstellen. Gerade hier ist es noch wichtiger als beim Fahrradfahren, dass dein Hund alleinig auf deine Stimme hört und zuverlässig deinen Kommandos gehorcht. Sollte das nicht der Fall sein, die erforderlichen Kommandos zunächst gut üben. Sobald dein Hund die Kommandos und vor allem „Bei Fuß" sicher beherrscht, kannst du mit deinem Hund Inline skaten gehen. Dabei kannst du entweder zu einer Leine greifen, was aber stets eine Restgefahr birgt oder es ohne Leine versuchen, allerdings wird sich Inline skaten generell nur für die wenigsten Hundehalter anbieten. Dennoch kannst du daran arbeiten und das gemeinsame Inlineskaten als Ziel für euch als Team sehen. Inline skaten ist super, um die Kondition zu verbessern.

Flyball:

Flyball ist vom Tempo her die wohl herausforderndste Sportart für deinen Hund. Es geht um Geschicklichkeit, aber vor allem um Geschwindigkeit. Damit dein Hund dieses Spiel optimal spielen kann, sollte dieser über eine gewisse Ausdauer, aber auch Spaß am Apportieren als auch Spielen an sich haben. Meistens wird dieses Spiel in 2 Mannschaften à 4 Teams gespielt, wobei ein Team aus je einem Hund und seinem Besitzer besteht. Allerdings kann dieses Spiel selbstverständlich aus weniger Teams bestehen. Die Mannschaften befinden sich auf zwei verschiedenen Bahnen. Dann müssen die Hunde gegeneinander über 4 Hindernisse springen und anschließend bei der sogenannten Flyball Box einen Auslöser drücken. Diese Flyball Box schießt daraufhin einen Ball los, den dein Hund dann fangen muss. Sobald dein Hund den Ball gefangen hat, muss er über die 4 Hindernisse wieder zurück und als Erster im Ziel ankommen.

Dogfrisbee:

Bei dieser Sportart gibt es einige Dinge zu beachten. Zunächst einmal hast du die Möglichkeit diesen Sport entweder nur zu zweit auszuführen, zu dritt oder in einer Gruppe. Bedeutet entweder wirfst du die Frisbee und dein Hund fängt sie oder dein Hund befindet sich in der Mitte und du wirfst die Frisbee zu einer anderen Person, sodass dein Hund die Frisbee dazwischen fangen muss. Zuletzt gibt es auch extra Gruppen, die diese Sportart ausführen. Auf alle Fälle sollte der Untergrund weich sein, damit dein Hund sich die Pfoten nicht verletzt und die Gelenke nicht geschädigt werden. Es bietet sich auch an im voraus die Wiese kurz abzugehen und zu schauen, ob sich Unebenheiten oder spitze Gegenstände darauf befinden, an denen sich dein Hund Verletzungen zufügen könnte. Außerdem sollte die Frisbee nicht aus Plastik bestehen, da dies die Zähne beschädigt. Darüber hinaus solltest du zwei Dinge vor dem ersten Spielen klären: zum einen solltest du richtig werfen können, aber noch viel wichtiger ist, dass du klärst wie hoch dein Hund springen sollte, denn es ist nicht für jeden Hund geeignet zu hoch zu springen. Wenn diese Grundlagen geklärt sind, kann das erste Frisbeespielen losgehen und die Kondition und Ausdauer deines Hundes trainiert werden. Wenn du diesen Sport ausführen möchtest, ist es noch wichtig, dass du deinen Hund zuvor etwa mit joggen etwas aufwärmst, denn gerade beim Springen kann er sich sonst leichter verletzen. Vor allem bei dieser Sportart ist es wichtig, dass dein Hund die letzten beiden Stunden davor nichts mehr gegessen hat.

Obedience:

Bei dieser Sportart geht es vor allem darum, dass dein Hund einwandfrei auf dich hört und sich dir wortgemäß unterordnet. Statt der Unterordnung im eigentlichen Sinne steht jedoch die perfekt abgestimmte Kommunikation zwischen Hund und Besitzer auf Augenhöhe im Vordergrund. Es geht darum, dass dein Hund vor allem die Grundkommandos, ohne Einschränkungen, perfekt ausführt. Darüber hinaus gehören dazu auch spezielle Apportieraufgaben und das Kontrollieren auch über weite Distanzen hinweg.

Doga:

Unsere Vierbeiner spüren es, wenn ihre Besitzer nervös sind, unter Anspannung stehen oder gestresst sind. Diese Empfindungen in uns können sich auf unsere Vierbeiner übertragen und somit bekommen auch sie die gleichen Symptome. Beim Doga oder auch Hundeyoga geht es darum, dass du als Besitzer Yoga Übungen ausführst, um dich zu entspannen. Somit spürt das auch dein Hund und kann auf das gleiche Entspannungsniveau kommen. Du wirst weniger verkrampft sein und diese Verkrampfung wird sich dann auch bei deinem Hund lösen können. Doga ist in der Regel eine Mischung aus Entspannung, Training und Spiel. Außerdem wird es meistens in Gruppen vollzogen, dementsprechend sollte sich dein Hund gut mit anderen Hunden verstehen und sich nicht von ihnen ablenken lassen.

Dogdance:

Beim Dogdance geht es darum, dass sich Hund und Besitzer zum Takt der Musik eine Choreographie überlegen und diese dann üben und ausführen. Dabei ist es wichtig, dass dein Hund auf deine Stimme und die wichtigen Kommandos hört und diese befolgt. Außerdem sollte er sich nicht so leicht von anderen Hunden ablenken lassen. Diese Sportart ist prinzipiell für jede Rasse und jedes Alter etwas, da du die Choreographie an deinen Hund individuell anpassen kannst. Lediglich Welpen sollten noch nicht mit Dogdance in Berührung kommen, da bei ihnen die Gelenke und Bänder noch nicht vollständig entwickelt sind und somit Schäden entstehen können. Bei diesem Sport stehen weder die Fitness noch die Kopfleistung im Vordergrund. Das wichtigste bei diesem Sport ist das Zusammenspiel und die Beziehung zwischen dir und deinem Hund.

Agility:

Agility ist mittlerweile eine sehr weit verbreitete Sportart und erfreut sich immer größer werdender Beliebtheit. Dabei absolviert dein Hund, mit deiner Hilfe, einen Parcours aus den unterschiedlichsten Stationen. Beispielsweise läuft er durch einen Tunnel, springt durch Reifen, läuft einen Slalom, springt über Hindernisse, geht über Wippen oder ähnliches. Da gibt es viel Spielraum. Durch Agility Training verbessert sich sowohl die Kondition deines Hundes, als auch das Herz-Kreislauf-System. Allerdings brauchst auch du als Besitzer eine gewisse Kondition, um deinen Hund begleiten zu können. Agility wird heutzutage nahezu überall angeboten, allerdings besteht auch die Möglichkeit Agility zu Hause zu machen und mit etwas Kreativität aus Haushaltsgegenständen einen Parcours zu bauen. Dazu mehr bei den Spielen.

Canicross:

Unter Canicross versteht man einen Geländelauf, bei dem Hund und Besitzer über eine flexible Leine, die maximal 2 Meter lang ist, miteinander verbunden sind. Dabei befindet sich eine Art Rückdämpfer entweder in der Leine integriert oder aber am Bauchband des Besitzers. Dieser Rückdämpfer gewährleistet die gute Flexibilität. Der Besitzer trägt einen Bauchgurt, an dem die Leine befestigt wird und der Hund trägt ein Geschirr, welches ihn im Bezug auf das Laufen nicht einschränkt. Die meisten Strecken führen durch unebenes Gelände wie beispielsweise Wälder. Darüber hinaus verfügt jede Leine über einen Panic Haken, sodass man den Hund jederzeit von der Leine befreien kann. Bei dieser Sportart gilt es zu beachten, dass die geeigneten Temperaturen in etwa unter 20°C liegen und diese Gradzahl auch nicht übersteigen sollten. Die Strecke, die normalerweise absolviert wird, ist in der Regel zwischen 2000 und 5000 Metern lang. Dennoch gibt es auch weitaus längere Strecken, die manche Sportler absolvieren.

Hoopers:

Bei dieser Sportart durchlaufen die Hunde einen Parcours aus Rundbögen, die sogenannten Hoops. Die Hoops sind etwa 1m hoch und 90cm breit. Da die Hunde den Parcours lediglich durchlaufen und nicht springen müssen, ist diese Sportart für jeden Hund geeignet. Du als Besitzer stehst in etwa der Mitte in einem gekennzeichneten Bereich und leitest deinen Hund durch den Parcours. Dementsprechend bedarf es von deiner Seite aus keiner großen sportlichen Leistungen und ist somit auch für Leute, die in ihrer Bewegung eingeschränkt sind, eine gute Möglichkeit mit dem Hund Sport zu machen.

Mantrailling:

Bei dieser Sportart ist vor allem der Geruchssinn gefragt. Es geht darum, dass dein Hund eine bestimmte Person wiederfindet. Dabei orientiert sich der Hund nur an einem Gegenstand, der den Geruch der Person trägt, nimmt dann die Fährte auf und macht sich auf die Suche. Dabei bleibt der Besitzer stets als Hundeführer an der Seite seines Hundes. Für dieses Training, gibt es spezielle Angebote wo das Mantrailling gezielt geübt wird.

Treibball:

Bei dieser Sportart werden etwa 8 große Gymnastikbälle nach Belieben vor einem Handballtor angeordnet. Anschließend gibst du deinem Hund vor in welcher Reihenfolge die Bälle ins Tor befördert werden sollen. Dein Hund muss die Bälle dann, in der von dir vorgegebenen Reihenfolge, in das Tor befördern.

Hütewettbewerbe:

Bei diesen Wettbewerben muss dein Hund auf dein Kommando hin eine Tierherde zusammenhalten und gleichzeitig an einen bestimmten Ort leiten. Davon abgesehen kann die Aufgabe darin bestehen die Herde an beziehungsweise durch Hindernisse zu führen oder die Herde überhaupt zusammen zu pferchen.

Was beachten bei der Wahl der Sportart

- Klären, welche Eigenschaften der Rasse deines Hundes zugeschrieben werden.
- Verhalten deines Hundes in neuen Situationen analysieren – ist er selbstsicher oder leicht zu verunsichern?
- Betrachtung des Sozialverhaltens deines Hundes anderen Hunden gegenüber.
- Welche Fähigkeiten beherrscht dein Hund und in welchen gibt es noch Nachholbedarf?

- Was kann dein Hund rein körperlich leisten, ohne dass es ihm schadet?
- Gibt es Probleme in der Beziehung zu deinem Hund?
- Wie steht es um die Wahrnehmung deines Hundes – ist die Wahrnehmung eher mehr oder weniger ausgeprägt?
- Woran wird dein Hund am meisten Spaß haben, sodass die Motivation lange anhält?
- Was fordert deinen Hund und stellt ihn vor Herausforderungen, die er gerne annehmen wird?
- Was gibt deinem Hund den besten Ausgleich zum Alltag?
- Woran würdest auch du Spaß haben, da beide gleich viel Interesse am Ausführen der Sportart haben sollten?

Spielen mit deinem Vierbeiner

Das Spielen mit deinem Hund scheint für viele Hundebesitzer selbstverständlich, jedoch spielen sie dann meist die gleichen 3 Spiele. Ihnen fehlt es an kreativer Inspiration für verschiedene Spiele und deren Durchführung. Hinzukommt, dass die Zeit im Alltag oft begrenzt ist und sich dementsprechend auch kaum eine Möglichkeit bietet sich großartig Gedanken zu machen. Allerdings ist es für deinen Vierbeiner ein schöner Ausgleich zu den täglichen Gassirunden auch verschiedene Spiele zu spielen und verschiedene Fähigkeiten zu trainieren. So ist es Herausforderung und Spaß zugleich. Außerdem stärkt das die Hund-Besitzer-Beziehung enorm.

Darum ist spielen so wichtig

- Welpen erlernen durch das Spielen die motorischen Fähigkeiten und können sie verfestigen.
- Hunde entwickeln durch das Spielen ihre Fähigkeiten weiter.
- Dein Hund kann durch das Spielen seine überschüssige Energie abbauen – er wird ausgeglichener.
- Spielen festigt die sozialen Bindungen und zeigt die Zusammengehörigkeit.

- Im Spiel kannst du auf entspannte und spielerische Art und Weise die Rangordnung aufzeigen.
- Spielen schafft Vertrauen und stärkt die Bindung zwischen Mensch und Hund oder auch zwischen zwei Hunden.
- Durch das Spielen können neue Bindungen geschaffen werden.
- Dein Hund wird neuen Lebenslagen gegenüber ruhiger und gelassener.
- Er lernt sich auf unterschiedliche Situationen flexibel einstellen zu können und besser mit unbekannten Problemen klarzukommen.
- Es dient dem Stressabbau deines Hundes.
- Dein Hund wird sowohl geistig, als auch körperlich gefordert.
- Er lernt spielerisch Lösungen zu finden, was sein Selbstbewusstsein stärkt.
- Mehr Abwechslung und weniger Langeweile, sodass dein Hund nicht auf die Idee kommt Unfug anzustellen.
- Spielen fördert stark die Kommunikation zwischen Hund und Besitzer.

Verschiedene Spielarten

Generell gibt es 3 Arten von Spielmöglichkeit: Diese wären Solitärspielen, Sozialspielen und das Spiel zwischen Mensch und Tier. Unter Solitärspielen versteht man, dass sich der Hund mit sich selbst beschäftigt. Wenn dein Hund mit sich alleine spielen kann, ist das ein gutes Zeichen, denn dein Hund zeigt so, dass er selbstständig Stress abbauen kann. Darüber hinaus freust du dich als Besitzer, wenn du siehst, dass dein Hund auch alleine Spaß haben kann.

Beim Sozialspielen geht es um das Spielen zwischen zwei Hunden. Dabei ist es wichtig darauf zu achten wie sich die Hunde beim ersten Mal begegnen. Nur wenn sie freudig reagieren, sollte man die Hunde auch wirklich miteinander spielen lassen. Dann kann innerhalb des Spiels Rivalitätsverhalten abgebaut und Toleranz aufgebaut werden. So bauen auch Hunde sozialen Kontakt zu anderen Hunden auf und ihre Beziehung zueinander wird gestärkt.

Bei dem Spiel zwischen Mensch und Tier wird die Beziehung zwischen Besitzer und Hund gestärkt und intensiviert. Das Spielen ist als Ausgleich so wichtig und sollte dementsprechend auch in dieser Form nicht zu kurz kommen.

Bei den Spielen zwischen Mensch und Hund gibt es ebenfalls verschiedene Arten von Spielen. Allerdings weichen die Bezeichnungen und Unterteilungen in diesem Buch von den hier aufgezählten ab.

- **Apportieren und Suchspiele:** Bei diesen Spielen geht es wie der Name schon sagt vor allem darum, dass dein Hund eine Fährte aufnimmt, sich auf die Suche nach dem Gegenstand oder der Person macht und dir entweder diesen anzeigt oder aber bringt – ihn also apportiert.
- **Wurfspiele:** Bei diesen Spielen geht es darum, dass du einen Gegenstand wirfst und dein Hund diesem nachjagt und ebenfalls zu dir zurück bringt. Dieser Gegenstand kann entweder ein Ball, eine geeignete Frisbee oder jeglicher anderer Gegenstand sein.
- **Strategiespiele:** Oder auch Intelligenzspiele, fordern den Hund etwas heraus und er muss meist knifflige Aufgaben und Spiele meistern. Dabei werden verschiedene Fähigkeiten gefordert.
- **Zerr- und Motivationsspiele:** Hierbei geht es darum, dass dein Hund um einen Gegenstand „kämpft“ und sich dabei ordentlich austobt, aber dennoch du als Besitzer den Start und das Ende des Spieles bestimmst. Außerdem zählen hierzu auch die lustigeren Spiele, die deinen Hund dazu bringen lieber zu spielen, da es einfach Spaß macht und dennoch neben der Bewegung gewisse Fähigkeiten gefordert sind.

Tipps und Tricks beim Spielen mit deinem Hund

- Mit Welpen beim Spielen etwas aufpassen, da sie noch deutlich empfindlicher sind als ausgewachsene Hunde.
- Nie mit Stöcken oder Steinen spielen, da die Verletzungsgefahr zu hoch ist. Stöcke können splittern und somit deinen Hund verletzen oder beim falschen Aufkommen des Stockes kann dein Hund sich den Stock böse irgendwohin rammen. Steine können verschluckt werden oder die Zähne stark beschädigen.
- Keine Frisbees aus Plastik verwenden, da durch das Material die Zähne beschädigt werden können.
- Keine Tennisbälle nutzen, da das Material den Zahnschmelz leicht abreibt und somit feiner macht.
- Das Spiel nicht zu aggressiv oder wettbewerbsorientiert gestalten, da ansonsten ein aggressives Verhalten, anderen Hund oder Menschen gegenüber, entstehen kann.
- Bei Zerrspielen nicht zu stark an dem Gegenstand ziehen, da zu starkes Ziehen ebenfalls schlecht für die Zähne ist.

- Generell gilt für genutztes Spielzeug, dass es die Zähne schützt und weder verschluckt werden kann noch zersplittert.
- Wenn dein Hund nach dir schnappt oder sonst zu aufgeregt wird, beende das Spiel direkt und ignoriere deinen Hund bis er sich wieder eingekriegt hat.
- Nimm niemals Hausschuhe oder alles was so ähnlich aussieht als Spielzeug, sonst geht dein Hund davon aus, dass er mit allem was so oder so ähnlich aussieht das gleiche wie in dem Spiel machen darf.
- Zu viel Spielen erfüllt auch nicht den Zweck. Finde eine gesunde Balance sowohl von der Häufigkeit des Spielens an sich, genauso für die Auswahl der Spiele. Variiere in den Kategorien der Spiele und teste aus, woran dein Vierbeiner und du am meisten Spaß haben.
- Wenn dein Hund in einer Übung/ in einem Spiel zu viele Fehler macht, passe die Übung/ das Spiel an deinen Hund individuell an, da dein Hund so schneller besser lernen kann.

Mein Hund spielt nicht

Dieses Phänomen kommt bei einigen Hunden vor. Das kann damit zusammenhängen, dass sie das Spielen nicht gewöhnt sind, sich ungerne bewegen oder beispielsweise weil sie schon älter sind. Abgesehen davon kann es auch mit einer Art Reizüberflutung kommen. Du kennst das vielleicht auch noch von dir als Kind, wenn man zu viele Spielzeuge besitzt, hat man irgendwann mit allen oft genug gespielt und weiß bei den ganzen unterschiedlichen Sachen auch gar nicht mehr wo man anfangen sollte. Deswegen empfehlen wir dir folgende Vorgehensweise:

1.) Räume alle alten Spielzeuge deines Hundes weg, sodass sie sich nicht mehr im Blickfeld deines Hundes befinden.
2.) Besorge ein neues Spielzeug. Entweder kaufst du etwas oder baust ein Spiel selber zusammen. Anregungen findest du bereits in diesem Buch.
3.) Dann stellst du dieses neue Spielzeug so hin, dass dein Hund es zwar sehen, aber nicht erreichen kann.
4.) Nun nimmst du das Spielzeug 1 Mal pro Tag in die Hand und spielst damit etwas rum. Du drückst aus, dass es sich um etwas ganz tolles

handelt, was dir eine große Freude bereitet. Mache diese Freude deutlich vor deinem Hund.

5.) Das machst du in etwa 10 Tage und nach dieser Zeit erlöst du deinen Hund und gibst ihm die Möglichkeit auch mit dem Spielzeug spielen zu dürfen.

Sollte diese Vorgehensweise deinen Hund immer noch nicht zum Spielen animieren können, empfehlen wir dir aus den unterschiedlichen Kategorien verschiedene Spiele auszuprobieren, bis das richtige Spiel für deinen Hund dabei war und der Spaß beginnen kann.

Wenn dein Hund ein gewisses Alter erreicht hat, kann es auch sein das alle Maßnahmen nicht den gewünschten Erfolg bringen, dann greifst du zu einfachen Spielen, die wenigstens noch etwas Abwechslung in den Alltag deines Hundes bringen.

Wie viel Beschäftigung braucht dein Hund?

Generell können wir dazu keine Einschätzung machen, die auf jeden Hund zutrifft. Jede Rasse hat unterschiedliche Beschäftigungs- und Bewegungsansprüche, genauso unterscheiden sich diese Ansprüche zwischen den Altersklassen der Hunde und dem Temperament des jeweiligen Hundes. Dementsprechend können wir darüber pauschal keine Aussage treffen.

Allerdings sagt man so grob als Richtwert, dass dein Hund im Schnitt 2 Stunden Bewegung am Tag haben sollte. Dabei kann die Bewegung ganz unterschiedlich und abwechslungsreich gestaltet werden. Wichtig bei jeder Bewegung ist, dass du beachten musst, dass Hunde viel mehr Ruhe und Entspannung brauchen als wir Menschen. So kann es sein, dass dein Hund mindestens 16-18 Stunden Ruhe und Entspannung am Tag braucht. Es ist wie bei allen Dingen wichtig eine gute Balance zu schaffen. Sonst kann das Zusammenleben von dir und deinem Hund nur unnötig erschwert werden. Damit du deinen Hund im Alltag mit zu viel Bewegung nicht stresst, hier eine Aufzählungen mit Indizien, die auf Stress bei deinem Hund hinweisen:

- Stark erhöhter Speichelfluss
- Gesträubtes Fell
- Übermäßige Körperspannung
- Stark angespannte Muskulatur
- Aufgerissene Augen
- Ohren eher nach hinten gerichtet
- Beim Hecheln die Ränder der Zunge aufgerollt
- Flüssiger Kot
- Übermäßiges Markieren
- Übermäßiges Gähnen
- Stressfalten an beispielsweise der Stirn oder um den Mundbereich
- Allgemein in der Situation unangemessen wirkendes Verhalten, wie beispielsweise wirres herumrennen oder bellen

Um das Stresslevel deines Hundes zu senken, kannst du Spaziergänge machen, in denen es einzig und allein darum geht die Gegend zu entdecken und seiner Nase zu folgen. Du kannst darüber hinaus Spiele einbauen, die auf bestimmte Fähigkeiten abzielen und diese somit trainiert werden. Des Weiteren kannst du durch das Spielen mit deinem Hund das Stresslevel herunterfahren, da diese Spiele zu Hause stattfinden sollten und dementsprechend unaufgeregt sind. Das aller Wichtigste ist jedoch, dass du überlegst was an der Situation deinem Hund so einen Stress bereitet hat. So kannst du am besten gewährleisten, dass dein Hund dieser Situation nicht noch einmal gegenübersteht oder gezielt daran arbeiten, dass diese Situationen zukünftig keinen Stress in deinem Hund auslösen.

50 SPIELIDEEN

BASICS

Basics

Gewisse Spiele werden jedem Hundebesitzer bekannt vorkommen, da das meist die Standartspiele sind, die einem über den Weg laufen, wenn man sich generell über das Thema Hund informiert. Sicherlich wirst du auch das eine oder andere Spiel davon ausprobiert haben, aber mit der Zeit wird es dann doch zu langweilig. Allerdings sind die Basic Spiele sehr wichtig, da sie einen gewissen Einstieg und eine Grundlage in die Welt der Spiele mit deinem Hund bilden.

Entweder fehlt es an Kreativität die Spiele immer wieder neu zu verändern und abzuwandeln oder aber sie werden fehlerhaft ausgeführt. Es lohnt sich in jedem Fall die Spiele auszuprobieren und damit zu beginnen. Anschließend kannst du dich immer noch steigern, aber für den Anfang sind diese Spiele eine wirklich gute Sache. So kann auch dein Hund sich langsam an das Spielen gewöhnen. Die Spiele sind meist, wie der Name schon vermuten lässt, einfach gehalten und einfach umsetzbar. Es bedarf nicht vieler Materialien und dein Hund braucht lediglich Grundfähigkeiten.

Wenn dein Hund noch ein Welpe ist, kannst du die meisten Spiele ausprobieren und dafür nutzen, dass dein Hund gewisse Grundfähigkeiten erlernen kann und spielerisch an gewisse Dinge herangeführt werden kann. Es ergibt also Sinn mit diesen Spielen zu starten und sie erst einmal optimal auszuführen. Sobald dein Hund schwerere Spiele gewöhnt ist, solltest du dennoch nicht auf die Basics verzichten, da sie eine gelungene Abwechslung darstellen können.

Leckerli Ball

Utensilien: Leckerli Ball/ Gießkanne/ Plastikflasche, Leckerlis

Ziel: auspowern und apportieren

Durchführung:

Sollte kein geeigneter Ball vorhanden sein, kannst du mit einer Gießkanne oder Plastikflasche improvisieren. Gib in den Ball/ die Gießkanne oder die Plastikflasche einige Leckerlis. Deinen Hund sitzen lassen und dann den Gegenstand werfen, sodass dein Hund diesem hinterherläuft. Dein Hund jagt dem Gegenstand hinterher und bringt ihn zu dir zurück. Die enthaltenen Leckerlis sind weniger für die Belohnung, sondern mehr für die Aufmerksamkeitslenkung bestimmt.

Belohnung:

Dein Hund kann entweder direkt belohnt werden, sobald er den Gegenstand zu dir zurückgebracht hat oder sobald das Spiel beendet ist. Das ist davon abhängig wie gut dieses Spiel funktioniert und wie engagiert dein Hund dabei ist.

Darauf achten:

Es ist wichtig darauf zu achten, dass dein Hund keine Stücke des Gegenstandes abbeißen und verschlucken kann.

Karton auspacken

Utensilien: 1 Karton, Klebeband, Leckerlis

Ziel: Beschäftigung und auspowern

Durchführung:

Den Karton mit den Lieblingsleckerlis deines Hundes befüllen. Dabei kann es für den Hund einfacher sein, wenn du entweder kleine Löcher in den Karton stichst, sodass das Interesse länger bestehen bleibt oder du etwas sehr stark Duftendes hineintust. Sonst kann es sein, dass dein Hund nicht so lange bei der Sache bleibt. Anschließend den Karton mit etwas Klebeband verschließen.

Belohnung:

Die Belohnung besteht in dem Inhalt des Kartons. Je nachdem kannst du mehr oder weniger hineintun. Selbst wenn es nur eine Leckerei ist, wird dein Hund sich darüber freuen.

Darauf achten:

Die Größe des Kartons sollte an die Größe deines Hundes angepasst werden, da es einem kleinen Hund schwer fallen wird einen riesigen Karton zu öffnen. Außerdem sollte dein Hund das Klebeband nicht verschlucken können.

Zerrspiel

Utensilien: Spieletau/ alte Klamotten

Ziel: auspowern und Machtdemonstration

Durchführung:

Sollte kein Spieletau oder ähnliches Zerrspielzeug vorhanden sein, kannst du alte Klamotten dafür nutzen, um dir ein eigenes Spieletau zu knoten. Dann deinen Hund sitzen lassen und sobald das Kommando kommt, darf dein Hund an dem Gegenstand zerren. Dein Hund darf nicht absichtlich schnappen. Wichtig bei diesem Spiel ist, dass du als Besitzer entscheidest wann das Spiel zu Ende ist und dein Hund dies akzeptiert, von dem Gegenstand ablässt und wieder zurück in die sitzende Position geht. Das Spiel kann beliebig oft wiederholt werden.

Belohnung:

Sobald dein Hund auf Kommando den Gegenstand wieder loslässt, kann dein Hund nach Belieben belohnt werden.

Darauf achten:

Du schützt die Zähne deines Hundes durch einen geeigneten Gegen-stand und nicht allzu starkes Ziehen, sondern ein Gegenhalten. Zieht dein Hund zu stark, beende das Spiel – du bestimmst Anfang und Ende.

Tauchsuche

Utensilien: Schüssel/ Kiste, Wasser, Leckerlis

Ziel: anspruchsvolleres Suchen

Durchführung:

Damit du das Suchen für deinen Hund abwechslungsreich gestalten kannst, nimmst du in diesem Fall eine Schüssel oder eine Kiste zur Hilfe. Anschließend füllst du Wasser hinein, dabei muss das Wasser auch gar nicht so hoch stehen. Anschließend verteilst du darin einige Leckerlis, sodass dein Hund anschließend mit der Schnauze in das Wasser tauchen muss, um an diese zu gelangen. Um das Ganze noch etwas zu erschweren kannst du eine Schüssel oder Kiste nehmen, die blickdicht ist. Fange zunächst mit wenigen Leckerlis an und steigere die Zahl dann beliebig.

Belohnung:

Dein Hund wird mit den Leckerlis, die sich in der Schüssel oder Kiste befinden, belohnt und kann sich über diese freuen.

Darauf achten:

Es ist wichtig darauf zu achten, dass die Größe der Schüssel oder des Kartons auf die Größe deines Hundes abgestimmt ist und vor allem der Rand nicht zu hoch ist. Sonst wird das Ganze zu einer Unmöglichkeit.

Objektsuche

Utensilien: Objekt nach Belieben

Ziel: apportieren und konzentrieren

Durchführung:

Dieses Spiel ist ebenfalls ein Klassiker. Hierbei geht es um das Suchen eines Objektes, das an einem anderen Ort versteckt ist. Dein Hund sitzt, du zeigst ihm das Objekt und gehst dann in einen anderen Raum, um es dort zu verstecken. Sobald du einen geeigneten Ort gefunden hast, gehst du zurück zu deinem Hund und erteilst ihm das Kommando, dass er auf die Suche gehen darf. Um das Ganze etwas zu erschweren kann auch etwas über das Suchobjekt gelegt werden.

Belohnung:

Sobald dein Hund das Objekt gefunden hat, kannst du ihn dafür belohnen. Es bietet sich nicht an zu dem Objekt ein Leckerli zu legen, da dein Hund dann vermutlich deswegen das Objekt finden wird.

Darauf achten:

Es ist wichtig darauf zu achten, dass dein Hund das Objekt nicht mehr sehen kann, sobald es versteckt ist. Außerdem sollten die Orte, an denen du versteckst, variieren.

Fangen

Utensilien: keine

Ziel: auspowern und Bindung stärken

Durchführung:

Wie dieses Spiel funktioniert, erklärt sich eigentlich von selbst. Allerdings gibt es dabei 2 Varianten. Zum einen kannst du deinen Hund fangen und zum anderen kann dein Hund dich fangen. Natürlich gibt es dabei nicht das tatsächliche Fangen und Festhalten, sondern vielmehr ist es ein hintereinander herlaufen und herumtollen. Was deinem Hund dabei besser gefällt, musst du herausfinden, aber in den meisten Fällen gehen beide Varianten ineinander über. Dabei kommen sicherlich du und dein Hund aus der Puste und ihr werdet jede Menge Spaß haben.

Belohnung:

Bei diesem Spiel braucht dein Hund keine Belohnung in Form eines Leckerlis, vielmehr ist es genug der Belohnung für deinen Hund, dass du dich so auf das Spielen einlässt und ihr beide eine gute Zeit habt.

Darauf achten:

Es ist wichtig darauf zu achten, dass dein Hund dich nicht anspringt, nach dir schnappt oder ähnliches, sondern es beim harmlosen Spielen bleibt.

Ball spielen

Utensilien: Ball

Ziel: auspowern und apportieren

Durchführung:

Dieses Spiel ist wohl das am weitesten verbreitete Spiel und das erste, was einem in den Sinn kommt. Entweder spielst du es im herkömmlichen Sinne. Du wirfst einen Ball, dein Hund läuft dem Ball hinterher und bringt ihn dir zurück. Allerdings kannst du dieses Spiel auch mit zwei Personen spielen. Dein Hund ist in der Mitte und entweder werft ihr euch dann den Ball zu oder aber ihr schießt euch den Ball zu, sodass dein Hund den Ball bekommen muss. Bewegung für Hund und Besitzer.

Belohnung:

Bei diesem Spiel braucht dein Hund nicht unbedingt eine Belohnung, da es hauptsächlich darum geht gemeinsam mit deinem Hund zu spielen. Selbstverständlich kannst du deinem Liebsten ein Leckerchen im Anschluss geben, aber es ist kein Muss.

Darauf achten:

Es ist wichtig darauf zu achten, dass dein Hund nicht an dir/ euch hochspringt und dir beim Apportieren freiwillig den Ball zurückgibt.

Duftspur

Utensilien: Leckerli

Ziel: Konzentration und den Geruchssinn benutzen

Durchführung:

In diesem Spiel geht es darum, dass dein Hund lernt seinen Geruchssinn richtig zu nutzen und sich davon leiten zu lassen. Du nimmst ein Leckerli oder eine andere Belohnung. Damit gehst du eine Strecke entlang und hältst dabei die Belohnung knapp über dem Boden. Dein Hund sitzt an einer Stelle und kann zunächst die Belohnung sehen und kurz daran riechen. Sobald du die Belohnung an einem Ort, den dein Hund nicht mehr sehen kann, deponiert hast, darf dein Hund sich auf die Duftspur begeben. Für Fortgeschrittene kann auch der Duft eines Menschens an einem Kleidungsstück verfolgt werden.

Belohnung:

Dein Hund bekommt entweder direkt das versteckte Leckerli oder eben sobald dein Hund den Gegenstand gefunden hat.

Darauf achten:

Es ist wichtig darauf zu achten, dass dein Hund das Leckerli nicht direkt frisst, sondern dieses nur anzeigt, damit dein Hund, wenn er draußen ist, nicht alles was er findet und was gut riecht, frisst.

FUTTER SPIELE

Einführung Futterspiele

Futterspiele sind für jeden Hund geeignet. Vor allem, wenn man sich an das Spielen mit dem eigenen Vierbeiner herantastet sind Futterspiele dafür ein gelungener Anfang, da die Wahrscheinlichkeit, dass dein Hund schnell das Interesse verliert sehr gering ist. Darüber hinaus sind diese Spiele eine gelungene Alternative zu den Intelligenzspielen.

Futter reizt Hunde immer, solange sie sich bei guter Gesundheit befinden. Dementsprechend kann dein Hund mithilfe der Futterspiele spielend leicht Dinge wie das Apportieren vorerst lernen.

Mit ein wenig Kreativität kann sogar das normale Fressen zu einer Art Spiel werden. Das Futter muss nicht immer einfach nur hingestellt werden, sondern kann auf vielfältige Art und Weise gefüttert werden. Auch hierfür sind Futterspiele eine gute Methode, damit das Fressen abwechslungsreich gestaltet werden kann.

Dabei solltest du jedoch stets darauf achten, dass du nicht zu viele Futterspiele in den Alltag einbaust zusätzlich zum Fressen, damit dein Hund nicht unnötigen Speck ansetzt, der dann wieder mühsam, durch Futterentzug, abgeschüttelt werden muss. Vor allem bei Spielen dieser Art solltest du darauf achten sie nicht zu oft zu spielen und während des Spiels nicht zu viele Leckereien integrieren.

Wie bei allen Spielen gilt, dass du am besten das fütterst, was dein Hund verträgt, aber vor allem liebt.

Kong

Utensilien: Kong, Nassfutter

Ziel: Selbstbeschäftigung

Durchführung:

Kong ist ein Spielzeug, das wohl auch schon einige Hundebesitzer kennen. Dabei handelt es sich um einen Behälter aus unzerstörbarem Hartgummi mit einem Loch. In den Kong gibt man Nassfutter oder stellt eine eigene Mischung her. Dafür eignen sich Lebensmittel wie Bananen, Thunfisch, Karotten, Wurst oder Magerquark. Wenn man die Lebensmittel mit etwas Käse mischt, dann in die Mikrowelle und anschließend in den Kong gibt, wird die Masse klebriger und somit wird es für deinen Hund schwieriger die Masse herauszubekommen.

Belohnung:

Dein Hund wird mit dem Inhalt des Kongs belohnt. Dabei ist es wichtig, dass die Masse variabel gestaltet wird.

Darauf achten:

Es ist wichtig darauf zu achten, dass dein Hund die Masse nicht zu leicht aus dem Kong bekommt und du solltest deinem Hund nicht zu oft den Kong geben, da dein Hund sonst schnell zunehmen wird. Die Größe des Kongs sollte selbstverständlich an die Größe deines Hundes angepasst sein.

Futterdummy

Utensilien: Futterdummy und Leckerlis

Ziel: Geruchssinn nutzen und Geschicklichkeit

Durchführung:

Den Futterdummy kennen wohl die meisten Hundebesitzer, da man mit diesem oftmals das Apportieren beibringt. Allerdings kannst du entweder den Futterdummy mit Leckerlis befüllen und einfach so werfen, sodass dein Hund hinterher läuft beziehungsweise kurz wartet und dann auf die Suche geht oder du versteckst diesen irgendwo und dein Hund muss danach suchen. Es gibt auch noch eine dritte Möglichkeit und zwar kannst du den Dummy an ein Seil binden und dann so verstecken, dass dein Hund nur daran kommt, wenn dein Hund den Dummy an dem Seil aus dem Versteck zieht. Das macht das ganze Spiel noch etwas anspruchsvoller.

Belohnung:

Dein Hund kann entweder direkt aus dem Dummy oder mit einem extra Leckerli belohnt werden.

Darauf achten:

Wenn du deinen Hund apportieren lässt, solltest du darauf achten, dass er dir freiwillig den Dummy überlässt und nur dann solltest du ihn belohnen. Wenn der Dummy vollständig gefüllt ist, niemals den ganzen Dummyinhalt deinem Hund überlassen.

Schnüffelbox

Utensilien: Schnüffelteppich/ Kiste, Zeitungspapier

Ziel: Geruchssinn nutzen

Durchführung:

Einige Hundebesitzer werden unter Umständen in Besitz eines sogenannten Schnüffelteppichs sein. In diesem kannst du die Leckerlies verstecken, sodass dein Hund diese erst einmal erschnüffeln muss. Du kannst diesen Teppich auch selber machen, dazu gibt es einige Anleitungen im Netz. Sonst kannst du das Ganze auch abwandeln und eine Kiste zur Hand nehmen. Dann nimmst du Zeitungspapier und zerknüllst die einzelnen Seiten. Nun gibst du sie in die Kiste und versteckst dazwischen die Leckerlis. Dann kann dein Hund suchen. Das ganze Spiel kann dadurch erschwert werden, dass du anstelle des Zeitungpapieres beispielsweise Korken nutzt.

Belohnung:

Dein Hund wird durch das Suchen und Finden der Leckerlis belohnt.

Darauf achten:

Es ist wichtig darauf zu achten, dass dein Hund es schafft die Leckerlis zu finden, ohne dass du deinen Hund darauf aufmerksam machen musst oder er sich dabei verletzen kann. Bei der Kiste sollte auch diese wieder an die Größe deines Hundes angepasst werden.

Eindecken

Utensilien: eine oder mehrere Decken

Ziel: Geruchssinn nutzen

Durchführung:

Auch dieses Spiel kann sehr anspruchsvoll für einige Hunde sein. Dabei nimmst du eine Decke und versteckst darin Leckerlis. Dann muss dein Hund, sobald du das Kommando gibst, die Leckerlis aus der Decke befreien. Um das Ganze noch etwas anspruchsvoller zu gestalten, kannst du auch mehrere Decken nehmen und einige ohne Leckerli zuklappen. Somit muss dein Hund zunächst erschnüffeln in welcher Decke sich etwas befindet und diese dann öffnen, um an die Leckerlis zu kommen.

Belohnung:

Dein Hund wird durch das Finden der Leckerlis belohnt.

Darauf achten:

Es ist wichtig darauf zu achten, dass dein Hund die Leckerlis findet, ohne dass du deinem Hund dabei helfen musst an die Leckerlis zu kommen.

Futterfenster

Utensilien: Schuhkarton, Klarsichtfolie, Futter, Klebeband

Ziel: Geruchssinn und Geschicklichkeit

Durchführung:

Bei diesem Spiel gibt es zwei Varianten. Außerdem handelt es sich dabei eher um ein Spiel, welches das normale Fressen etwas spannender machen soll. Du nimmst den Deckel vom Karton und schneidest ein Rechteck hinein, dann nimmst du die Klarsichtfolie und klebst diese als eine Art Glas vor das Loch. Dann nimmst du den Karton und stellst ihn hin. Den Deckel stellst du hochkant hin, sodass der Karton diesen festhält. Dann positionierst du das Futter in dem Napf im Karton und dein Hund muss schauen, wie er am besten an sein Fressen gelangt. Du kannst auch den Deckel einfach wieder auf den Karton setzen, dann ist es etwas schwieriger.

Belohnung:

Dein Hund wird mit dem Erreichen seines Fressens belohnt.

Darauf achten:

Wenn du Variante 2 wählst, solltest du aufpassen, dass dein Hund nicht direkt die Klarsichtfolie zerstört. In beiden Fällen solltest du schauen, dass dein Hund die Klarsichtfolie nicht fressen kann.

INTELLIGENZ SPIELE

Einführung Intelligenzspiele

Intelligenzspiele sind ein wichtiger Bestandteil in dem Leben eines Hundes. Beziehungsweise sollte es ein wichtiger Bestandteil werden. Genau wie bei uns Menschen, lieben auch Hunde es ihr Gehirn nutzen zu können und vor allem es zu trainieren. Diese Art der Spiele geht bei einigen Vierbeinern vermutlich im Stress des Alltags nicht allzu selten verloren. Darüber hinaus haben viele Hundebesitzer nicht unbedingt die Lust sich jeden Tag etwas Neues auszudenken und jeden Tag auf das gleiche Intelligenzspiel zurückzugreifen erfüllt auch nicht unbedingt den gewünschten Zweck.

Damit es dir zukünftig nicht mehr an Inspirationen für Intelligenzspiele mangelt und du somit deinem Hund viel Abwechslung und Herausforderung bieten kannst, findest du hier einige Anregungen. Davon abgesehen kannst du aus den einfachsten Alltagsgegenständen ein Intelligenzspiel für deinen Hund gestalten.

Intelligenzspiele sind so wichtig, damit dein Hund nicht nur in der Hundeschule und anschließend beim Erlernen einiger Kommandos sein Gehirn benutzt, sondern das Gehirn in verschiedenen Bereichen genutzt und vor allem trainiert wird. Im Alltag sollte es sich dementsprechend nicht nur um ein einziges Intelligenzspiel drehen, aber auch nicht nur um eine Art. Keine Sorge ein Intelligenzspiel muss auch nicht jeden Tag sein, auch hier gilt, dass Abwechslung das Beste für deinen Hund ist.

Socke auf der Wäscheleine

Utensilien: Socke(n), Wäscheklammer(n), Wäscheleine

Ziel: nachdenken und apportieren

Durchführung:

Dieses Spiel ist simpel und dennoch wird es einige Hunde herausfordern. Zunächst spannst du eine Wäscheleine so, dass dein Hund problemlos daran kommen kann. Dann nimmst du eine Socke, packst ein Leckerli hinein und hängst diese ganz normal mit einer Wäscheklammer an der Leine auf. Sobald du deinem Hund das Kommando gibst, muss dieser die Socke von der Leine holen. Anschließend ist es jedoch wichtig, dass dein Hund dir die Socke gibt und sie weder kaputt macht, noch das Leckerli direkt herausnimmt. Um das Ganze zu erschweren, kann die Leine immer ein Stück erhöht werden.

Belohnung:

Sobald dein Hund die Socke apportiert hat, belohnst du ihn mit einem Leckerli.

Darauf achten:

Es ist wichtig darauf zu achten, dass dein Hund nur belohnt wird, wenn die Socke unbeschadet, inklusive Leckerli bei dir ankommt. Natürlich sollte die Socke kaputtgehen dürfen.

Verstecktes Leckerli

Utensilien: Leckerlis

Ziel: verknüpfen und Geduld

Durchführung:

Für dieses Spiel brauchst du nicht viel. Dein Hund muss sich konzentrieren und dabei lernen. Du ballst beide Hände zu Fäusten und versteckst dabei in einer Hand ein Leckerli. Dein Hund sitzt vor dir und soll nun nicht die Hand anzeigen, in der sich das Leckerli befindet, sondern im Gegenteil: dein Hund soll anzeigen in welcher Hand es sich nicht befindet. Als Belohnung dafür öffnet sich die andere Hand und er bekommt das Leckerli. Die Hände gerne auch wechseln. So lange wiederholen bis dein Hund es einwandfrei drauf hat und nach einigen Tagen erneut wiederholen.

Belohnung:

Dein Hund wird mit dem Leckerchen in der jeweils anderen Hand belohnt.

Darauf achten:

Es ist wichtig darauf zu achten, dass dein Hund vor allem am Anfang nicht belohnt wird, wenn er diese Aufgabe falsch macht, da ansonsten der Lerneffekt nicht eintreten kann.

Klappe öffnen

Utensilien: Gegenstand mit Klappe, Leckerli

Ziel: Geschicklichkeit

Durchführung:

Bei diesem Spiel wird ein Gegenstand genutzt, der über eine Klappe, die man öffnen kann, verfügt. Diese Klappe sollte ein Loch haben, sodass dein Hund den Duft, des darin deponierten Leckerlis, besser wahrnehmen kann und nicht zu schnell die Lust an diesem Spiel verliert. Nun muss dein Hund es schaffen irgendwie die Klappe zu öffnen, um somit an das Leckerli zu kommen. Wenn der Schwierigkeitsgrad erhöht werden soll, kannst du die Klappe leicht beschweren.

Belohnung:

Dein Hund wird mit dem, in dem Gegenstand enthaltenden, Leckerli belohnt.

Darauf achten:

Es ist wichtig darauf zu achten, dass dein Hund sich nicht verletzen kann.

Schubladen ziehen

Utensilien: Schokokussverpackung (leer), Kreppband

Ziel: verknüpfen

Durchführung:

In einer herkömmlichen Schokokussverpackung (für die Kleinen) sind meistens 3 einzelne Pappschachteln enthalten. Nun musst du an diese jeweils eine Lasche machen. Diese am besten aus stabiler Pappe formen und mit dem Kreppband befestigen. Dann die vordere Pappe der Verpackung abschneiden, damit die einzelnen Fächer herausgezogen werden können. Die restliche Verpackung zusammen kleben, damit da nichts verrutschen kann. Nun gibst du in mindestens eine Pappschachtel ein Leckerli und schiebst dann alle 3 wieder in die Verpackung. Dann muss dein Hund auf dein Kommando hin die richtige Schachtel erschnüffeln und diese dann mithilfe der Lasche herausziehen.

Belohnung:

Hat dein Hund es geschafft die Verpackung herauszuziehen, darf er sich über die Leckerlies freuen.

Darauf achten:

Es ist wichtig darauf zu achten, dass dein Hund kein Kreppband verschlucken kann oder sich in irgendeiner Weise verletzen kann.

Flasche auf der Leine

Utensilien: Wäscheleine, Plastikflasche, Schere, Leckerli

Ziel: nachdenken

Durchführung:

Dieses Spiel kann für deinen Hund am Anfang eine Herausforderung sein. Zunächst nimmst du eine Plastikflasche und stichst mit etwas Abstand zwei Löcher auf beide Seiten hinein. Wichtig dabei ist, dass die Löcher in Richtung des Flaschenhalses sind. Dann füllst du Leckerlis in die Flasche. Anschließend spannst du eine Wäscheleine beziehungsweise eine Leine, auf die du die Flasche aufspannst. Nun muss dein Hund versuchen die Flasche umzudrehen, damit die Leckerlis hinausfallen. Um es schwieriger zu gestalten, kannst du die Leine höher hängen oder mehrere Flaschen aufhängen. Wenn du keine Leine zur Hand hast, kannst du auch einen Stab durch die Löcher ziehen und die Flasche in der Hand behalten.

Belohnung:

Dein Hund wird belohnt, sobald er es geschafft hat die Flasche zu drehen, sodass die Leckerlies herausfallen.

Darauf achten:

Es ist wichtig darauf zu achten, dass dein Hund sich nicht verletzen kann.

Hochschieben

Utensilien: Plastikdeckel, Holzstäbchen, Donut Leckerlis

Ziel: kombinieren und Geduld

Durchführung:

Zunächst musst du ein Loch in die Mitte des Plastikdeckels stechen, sodass das Essstäbchen hinein passt. Anschließend steckst du das Essstäbchen in das Loch. Danach klebst du das Stäbchen fest und den Plastikdeckel auf den Boden. Du kannst den Deckel natürlich auch beschweren. Nun nimmst du Leckerlis mit einem Loch in der Mitte und stapelst 3 übereinander mit dem Essstäbchen in der Mitte. Sobald du das Kommando gibst, kann nun dein Hund gucken wie er an die Leckerlis kommt.

Belohnung:

Wenn dein Hund es geschafft hat die Leckerlis zu bekommen, wird er damit auch belohnt.

Darauf achten:

Es ist wichtig darauf zu achten, dass dein Hund die Leckerlies nicht einfach abknabbert und sich weder an dem Plastik, noch an dem Stäbchen verletzten kann.

Angeln

Utensilien: Bücher, Regalbrett, Leckerli

Ziel: nachdenken und Geschick

Durchführung:

Bei den herkömmlichen Suchspielen kann dein Hund oftmals die Schnauze benutzen. Bei diesem Spiel ist jedoch eine andere Lösung gefragt. Zunächst mit zwei Büchern die Grundlage bauen. Anschließend das Regalbrett darauf legen und dann dieses mit weiteren Büchern beschweren. Wichtig ist dabei, dass der Abstand von dem Regalbrett zum Boden so groß ist, dass dein Hund nicht mit der Schnauze an das Leckerli kommen kann. Wenn das schon bei anderen Möbelstücken der Fall ist, kannst du auf die Konstellation verzichten. Nun legst du unter das Regalbrett ein Leckerli und sobald du das Kommando gibst, darf dein Hund kreativ werden und sich überlegen wie er nun an das Leckerchen kommt.

Belohnung:

Sobald dein Hund es geschafft hat an das Leckerli zu gelangen, darf er dieses auch als Belohnung genießen.

Darauf achten:

Bei der Konstellation solltest du darauf achten, dass dein Hund sich nicht verletzten kann.

Hütchen

Utensilien: Hütchen/ Trichter ohne Loch, Leckerli

Ziel: nachdenken und Geschick

Durchführung:

Dieses Spiel scheint zunächst sehr leicht, aber dennoch muss dein Hund etwas kreativ werden. Es gibt auch hier zwei Variationen. Entweder gibst du ein Leckerli in ein Hütchen, sodass es in der Spitze ist und behältst das Hütchen in der Hand oder du legst das Hütchen auf den Boden. Sobald du das Kommando gibst, darf dein Hund nun versuchen an das Leckerli in der Spitze zu kommen. Solltest du kein Hütchen zu Hause haben, kannst du einen Trichter als einfachere Variante nehmen, indem du einfach das Loch zuklebst.

Belohnung:

Dein Hund wird mit dem Leckerli in der Spitze belohnt.

Darauf achten:

Das Hütchen sollte unter Umständen kaputt gehen dürfen.

Kekssuche

Utensilien: Keksverpackung (leer, mit Verpackung drum herum)

Ziel: Geschick

Durchführung:

Zunächst einmal den Plastikeinsatz, in dem sich sonst die Kekse befinden, auswaschen und dann mithilfe eines Pappstücks und etwas Klebeband eine Lasche an eine der beiden kurzen Seiten kleben. Dann kannst du in eine oder mehrere Fächer Leckerlis füllen. Anschließend kommt das Plastikteil wieder in die Umverpackung. Nun muss dein Hund zunächst erschnüffeln wo sich die Leckerlis befinden und danach an der Lasche die Packung so weit rausholen, bis dein Hund an das Leckerli gelangt.

Belohnung:

Dein Hund wird belohnt, sobald er das Spiel gemeistert hat.

Darauf achten:

Falls dein Hund die Lasche abreißt darauf aufpassen, dass er diese nicht frisst und sich nicht an der Verpackung schneiden kann.

Lochbox

Utensilien: Box, Klorollen (leer), Ball

Ziel: Geschicklichkeit

Durchführung:

Für dieses Spiel nimmst du eine Box oder einen Schuhkarton und stellst mehrere Klorollen nebeneinander hinein. Anschließend versperrst du bei einigen Rollen den Eingang. Dann legst du einen Ball oben drauf und dein Hund muss nun mithilfe seiner Schnauze den Ball in die offenen Rollen befördern. Je nach Größe deines Hundes und Schwierigkeitsgrad, können die Löcher größer oder kleiner sein. Der Ball sollte ebenfalls von der Größe an deinen Hund angepasst werden. Sobald dein Hund das gemeistert hat, kannst du ihn belohnen.

Belohnung:

Nach dem erfolgreichen Versenken des Balles in einer Röhre, kannst du deinen Hund mit einem Leckerli belohnen.

Darauf achten:

Es ist wichtig darauf zu achten, dass sich dein Hund nicht verletzen kann und der Ball in die Löcher passt.

Muffinversteck

Utensilien: Muffinblech, Leckerli, diverse Gegenstände

Ziel: Geruchssinn und Geschick

Durchführung:

Zunächst nimmst du ein herkömmliches Muffinblech. In einige Fächer gibst du Leckerlis. Dann nimmst du unterschiedlich große Gegenstände und legst diese auf die einzelnen Fächer. Dafür kannst du Zeitungsknöllchen, Bälle, Spielzeug, Kuscheltiere oder andere geeignete Dinge nehmen. Dann muss dein Hund die Fächer herausfinden, in denen sich die Leckerlis befinden und dann die jeweiligen Gegenstände entfernen, um daran zu kommen. Je schwerer die Gegenstände, desto schwieriger ist es für deinen Hund daran zu kommen.

Belohnung:

Sobald dein Hund die richtigen Fächer ausgemacht und die Gegenstände beseitigt hat, kann dein Hund sich selber belohnen mit den enthaltenden Leckerlis.

Darauf achten:

Es ist wichtig darauf zu achten, dass dein Hund die genutzten Gegenstände nicht verschlucken oder diese ihm anderweitig schaden können.

Gartenstuhl

Utensilien: Gartenstuhl, Polster, Leckerli

Ziel: kombinieren und Geschick

Durchführung:

Für dieses Spiel brauchst du einen Gartenstuhl mit Polster, allerdings kann prinzipiell auch jeder andere Stuhl mit Polster genutzt werden. Anschließend platzierst du ein oder mehrere Leckerlis unter dem Polster oder auf dem Polster in der Beuge. Anschließend kann dein Hund, sobald du ihm das Kommando gegeben hast, losgehen und suchen wo genau du das Leckerli platziert hast. Klingt nicht so anspruchsvoll, kann aber für einige Hunde eine echte Herausforderung sein.

Belohnung:

Dein Hund wird belohnt, sobald er das Leckerli gefunden hat.

Darauf achten:

Das genutzte Polster sollte dreckig werden dürfen. Außerdem sollte nichts auf dem Polster oder an dem Stuhl sein, was deinen Hund verletzten könnte.

Hunde Alarm

Utensilien: Küchenrolle (leer), Pappe, Leckerlis

Ziel: Geschick und kombinieren

Durchführung:

Zuerst die leere Küchenrolle mit mehreren Querschnitten versehen. Die Pappe so zurechtschneiden, dass die einzelnen Stücke in die Querschnitte passen und somit die Küchenrolle in einzelne Abteile trennen. Allerdings sollten sie etwas länger sein, damit dein Hund daran ziehen kann. Nun füllst du oben eines oder mehrere Leckerlis hinein und dann muss dein Hund die einzelnen Abtrennungen, mithilfe der Schnauze beziehungsweise seiner Zähne, entfernen, sodass die Leckerlis immer ein Stück weiter nach unten fallen bis sie unten raus fallen. Dann wartet dein Hund so lange bis du ihm das Kommando zum Fressen der Belohnung gibst. Um das Ganze zu erschweren, kannst du noch mehr Abschnitte hinzufügen.

Belohnung:

Wenn dein Hund dieses Spiel gemeistert hat, wird er mit den herausfallenden Leckerlis belohnt.

Darauf achten:

Es ist wichtig darauf zu achten, dass dein Hund die Pappe nicht unbedingt frisst und du ihm nicht dabei hilfst dieses Spiel zu meistern.

Längliche Box

Utensilien: Kekspackung (leer), Trinkhalme, Pappe, Kleber

Ziel: auspowern und apportieren

Durchführung:

Zunächst eine Kekspackung wählen mit mindestens 3 Fächern und diese reinigen. Dann 3 Strohhalme auf jeder Seite übereinander kleben an den länglichen Seiten der Keksverpackung. Die Pappe so zurechtschneiden, dass die Pappe zwischen die Strohhalme passt. Dann in einzelne Stücke teilen, sodass über jedem Fach ein passendes Stück Pappe liegt. In mindestens 1 Fach ein Leckerli geben und dann deinen Hund das Fach finden und öffnen lassen. Du kannst auch mehrere Fächer befüllen.

Belohnung:

Sobald dein Hund das richtige Fach gefunden hat, wird er mit dem Leckerli belohnt.

Darauf achten:

Es ist wichtig darauf zu achten, dass dein Hund die Pappe nicht mutwillig zerstört, sondern mit Geschick und ohne deine Hilfe an das Leckerli kommt. Sollte es zu schwer sein, die Pappe etwas kleiner schneiden, sodass das Öffnen leichter fällt.

VER-GNÜGUNG

Einführung Spaßspiele

Spaßspiele sind in der Regel die Art von Spielen, die sowohl deinem Hund als auch dir am meisten Spaß machen werden. Im Gegensatz zu den vorherigen Spielarten steht hier eindeutig der Spaß deines Vierbeiners im Vordergrund. Bei einigen Spielen ist auch etwas Geschick gefragt, aber an sich sind diese Spiele für deinen Hund reinste Erholung und eine gelungene Abwechslung. Die meisten Spiele sind einfach und schnell in den Alltag integriert und beschäftigen deinen Hund, abseits der sonstigen alltäglichen Bewegung.

Nicht jedes Spiel muss unbedingt dazu da sein, die Intelligenz oder eine gewisse Fähigkeit deines Hundes zu trainieren, dein Hund braucht auch einen gewissen Ausgleich. Wenn du mit deinem Hund noch ganz am Anfang des Spielens stehst, wird der Schwierigkeitsgrad noch etwas höher und der Spaßfaktor niedriger sein, aber mit der Zeit wird der Spaß deutlich überwiegen. Spaßspiele können dabei so vielfältig sein und dennoch haben sie einen deutlichen Fokus auf das Vergnügen.

Dementsprechend ist diese Art von Spielen die optimale Abwechslung zu den sonstigen anspruchsvolleren Spielen. Sie sind eine gute Kombination aus ein wenig Forderung und Vergnügen. Deswegen heißt es hier eher Kopf aus und machen.

Skateboarding

Utensilien: Skateboard, Leckerlis

Ziel: auspowern und Geschicklichkeit

Durchführung:

Dieses Spiel dauert in der Gewöhnungsphase etwas, aber ist danach umso besser. Zunächst muss dein Hund das Skateboard in Ruhe beschnüffeln und kennenlernen. Dafür am besten ein Kissen unter das Board legen oder dieses anderweitig blockieren. Anschließend gewöhnst du deinen Hund daran sich darauf zu stellen, indem du ihn sofort mit einem Leckerli belohnst. Sobald dein Hund auch damit kein Problem hat, bewegst du das Skateboard vorsichtig Stück für Stück. Nach jeder kurzen Strecke, die geklappt hat, belohnst du deinen Hund und dann geht es immer ein Stück weiter.

Belohnung:

Dein Hund wird direkt belohnt, sobald er mit einem gewissen Schritt keine Probleme mehr hat und dieser funktioniert.

Darauf achten:

Es ist wichtig darauf zu achten, dass das Skateboard nicht allzu wendig ist und auf einem Untergrund steht, der es etwas stoppt, damit es nicht einfach wegrollen kann und sich dein Hund erschreckt.

Wasserslalom

Utensilien: Wasserflaschen

Ziel: auspowern und Geschicklichkeit

Durchführung:

Bei diesem Spiel geht es sowohl um die Bewegung als auch um die Geschicklichkeit deines Hundes. Der Untergrund muss eben sein, sonst wird das Spiel nicht gelingen. Du nimmst Plastikflaschen und stellst sie dann in einem Abstand auf, sodass dein Hund auf dein Kommando hin Slalom laufen kann. Wenn du dieses Spiel auf einem weichen Untergrund machst, kannst du auch Glasflaschen nutzen. Am besten gewöhnst du deinen Hund zunächst daran, indem du ihn mithilfe eines Leckerlis Stück für Stück im Slalom durch den Aufbau lotst. Sobald dein Hund das verstanden hat, verringerst du die Anzahl an Leckerlis, bis dein Hund nur noch am Ende des Aufbaus ein Leckerli bekommt.

Belohnung:

Dein Hund wird mit den Leckerlis im Spielverlauf belohnt.

Darauf achten:

Es ist wichtig darauf zu achten, dass dein Hund sich nicht verletzen kann und nur belohnt wird, wenn er keine Flasche umgeworfen hat.

Handtuch am Stock

Utensilien: Ast (stabil), Handtuch (alt), Band (stabil)

Ziel: auspowern und Spaß

Durchführung:

Zunächst suchst du dir einen stabilen Ast, der in etwa 2 Meter lang ist. Anschließend bindest du das Band an das Ende des Astes. Zu guter Letzt befestigst du an dem Band das Handtuch. Nun kannst du damit mit deinem Hund spielen, indem du es entweder vor ihm her schwingen lässt, ihn danach jagen lässt oder ähnliches. Da sind der Kreativität keine Grenzen gesetzt, da dieses Spiel sehr vielseitig gespielt werden kann. Am Ende ist es wichtig, dass du das Spiel beendest und dein Hund das auch akzeptiert, genauso verhält es sich, wenn du zwischendurch Pausen machen möchtest.

Belohnung:

Prinzipiell ist die Belohnung, dass du Spaß mit deinem Hund hast und es braucht nur bedingt ein Leckerli. Wenn du jedoch dennoch darauf zurückgreifen möchtest, kannst du das gerne tun.

Darauf achten:

Es ist wichtig darauf zu achten, dass dein Hund das Spielzeug nicht zerstört und das Spiel beendet ist, wenn du es sagst. Das Handtuch sollte kaputt gehen dürfen und es sollte nichts dabei sein, woran sich dein Hund verletzen kann.

Agility at home

Utensilien: Diverse Gegenstände

Ziel: auspowern und Geschicklichkeit

Durchführung:

Agility erfreut sich immer größerer Beliebtheit bei den meisten Hundebesitzern, wenn es um die Beschäftigung des Vierbeiners geht. In diesem Spiel siehst du, welche Übungen du auch zu Hause machen kannst. Kleine Hunde kannst du zum Beispiel von Sitzpolster zu Sitzpolster springen lassen. Einen Tunnel kannst du entweder aus einem Kindertunnel bauen oder aus 3 Stühlen, die du hintereinander stellst und dann eine Decke darüber legst. Dabei ist es wichtig, dass dein Hund seinen Kopf noch heben kann. Du kannst aus 2 Blumenkästen und 1 Besen oder Regalbrett ein Hindernis oder aus Wasserflaschen einen Slalom bauen. Der Kreativität sind hier keine Grenzen gesetzt. Wichtig ist nur dabei, dass dein Hund sich wegen des Untergrundes nicht verletzen kann durch beispielsweise ausrutschen.

Belohnung:

Bei erfolgreich abgeschlossener Aufgabe, kannst du deinen Hund dafür auch belohnen.

Darauf achten:

Belohne deinen Hund nur bei erfolgreicher Aufgabe. Der Boden darf nicht zu glatt sein und auch sonst sollte sich dein Hund nicht verletzen können.

XL Hütchen

Utensilien: Plastikmülleimer, Leckerli

Ziel: Kreativität

Durchführung:

Bei diesem Spiel wird einfach der Mülleimer, der im besten Fall einige Löcher hat, umgedreht und dann ein Leckerli darunter gelegt. Dann muss dein Hund versuchen den Mülleimer zu entfernen, um an das Leckerli zu kommen. Solltest du keinen Mülleimer mit Löchern haben, sollte das Leckerli etwas stärker riechen, damit dein Hund nicht zu schnell das Interesse daran verliert. Bei diesem Spiel kannst du die Schwierigkeit auch noch erhöhen durch andere Untergründe oder das Beschweren oder Verstecken des Mülleimers.

Belohnung:

Dein Hund wird durch das Umkippen des Mülleimers und das Erreichens des Leckerlis belohnt.

Darauf achten:

Es ist wichtig darauf zu achten, dass dein Hund sich nicht verletzen kann und es ihm jederzeit möglich ist den Mülleimer umzustoßen.

Hula-Hoop

Utensilien: Leckerli Ball/ Gießkanne/ Plastikflasche

Ziel: auspowern und apportieren

Durchführung:

Dieses Spiel ist eher für kleinere Hunde und ihre Besitzer gedacht. Hier soll es nämlich darum gehen, dass du den Hula-Hoop-Reifen etwas über dem Boden hältst und anschließend dein Hund hindurch springt. Dabei ist es wichtig, dass der Untergrund nicht zu hart oder rutschig ist. Wenn dein Hund größer ist, kannst du ihn auch einfach durch den Reifen laufen lassen. Je nach Schwierigkeitsgrad kannst du den Reifen auch höher oder schräg halten.

Belohnung:

Du kannst deinen Hund nach jedem durch den Reifen kommen belohnen oder am Ende des Spiels.

Darauf achten:

Es ist wichtig darauf zu achten, dass dein Hund sich nicht verletzen kann.

Kegeln

Utensilien: Plastikbecher/ Plastikflaschen

Ziel: spielen

Durchführung:

Dieses Spiel ähnelt dem klassischen Kegeln. Du kannst entweder Plastikbecher umgedreht in einem Dreieck auf den Boden stellen oder du nimmst nur noch zu maximal 1/3 gefüllte Plastikflaschen. Dann darf dein Hund, mithilfe seiner Pfoten oder der Schnauze, auf dein Kommando die Kegel umschmeißen. Dieses Spiel kann etwas anspruchsvoller durch andere geeignete Gegenstände sein oder die Erhöhung der Anzahl der Kegel.

Belohnung:

Dein Hund kann entweder direkt nach dem Umstoßen aller Kegeln belohnt werden oder aber sobald das Spiel beendet wurde.

Darauf achten:

Es ist wichtig darauf zu achten, dass dein Hund sich nicht an den Gegenständen verletzen kann.

<u>*Verkehrtes Hütchen*</u>

Utensilien: Karton (leer), Leckerli

Ziel: Spaß und Kreativität

Durchführung:

Bei diesem Spiel soll es darum gehen, dass dein Hund einen nach oben offenen Gegenstand umstößt, um an das Leckerli zu gelangen. Am besten eignet sich hierfür ein Karton. Diesen stellst du ganz normal hin und gibst ein Leckerli hinein. Dann muss dein Hund herausfinden wo sich das Leckerli befindet und wie er am besten daran kommt.

Belohnung:

Dein Hund wird belohnt sobald er es geschafft hat den Karton umzustoßen beziehungsweise anderweitig an das Leckerli gekommen ist.

Darauf achten:

Es ist wichtig darauf zu achten, dass dein Hund sich nicht verletzen kann und der Karton mindestens so groß ist, dass dein Hund nicht hineingucken kann.

Jenga

Utensilien: Klorollen/ unterschiedlichste Gegenstände

Ziel: überwinden und Spaß

Durchführung:

Bei diesem Spiel geht es darum, dass dein Hund sich traut einen Turm umzustoßen. Dabei beginnst du mit harmlosen Gegenständen, wie Toilettenpapierrollen, die weder laut sind noch im schlechtesten Fall wehtun können. Außerdem baust du den Turm zunächst auch noch nicht allzu hoch. Du beginnst mit 3 Rollen und stapelst diesen Turm dann später höher. Sobald dein Hund diese Aufgabe gemeistert hat, nimmst du andere Gegenstände, die du stapeln kannst. Im besten Fall spielst du dieses Spiel mit deinem Hund auf einem Teppich. Zunächst wird dein Hund unter Umständen zögern, aber wenn er sich nicht direkt erschreckt und dadurch abgeschreckt wird, wird er den Spaß an diesem Spiel finden.

Belohnung:

Du kannst entweder in die Mitte der Klorolle beziehungsweise in den untersten Gegenstand des Turms ein Leckerli legen oder du belohnst deinen Hund nachdem er den Turm erfolgreich umgestoßen hat.

Darauf achten:

Es ist wichtig darauf zu achten, dass die Gegenstände zunächst beim Fallen nicht zu laut sind, sodass dein Hund sich langsam herantasten kann.

Puppe

Utensilien: Handpuppe/ dicke Socke, Leckerli

Ziel: nachdenken und Spaß

Durchführung:

Dieses Spiel ist ein absolutes Spaßspiel. Außerdem muss dein Hund nachdenken und kreativ werden, um an das Leckerli zu gelangen. Wenn du eine Handpuppe besitzt, kannst du diese ganz normal über die Hand ziehen und dann in dem Mund das Leckerli verstecken. Diesen öffnest du nun bei jedem gezeigten Verhalten deines Hundes in Bezug auf die Puppe. Sobald dieser Schritt erfolgreich abgeschlossen ist, bringst du deinem Hund bei, dass sich der Mund nur öffnet, wenn dein Hund mit seiner Pfote die Puppe berührt. Dafür kannst du dir zunächst kurz die Pfote geben lassen. Wenn du keine Handpuppe besitzt, greife zu einer dickeren Socke als Ersatz.

Belohnung:

Dein Hund wird belohnt, sobald er ein erwünschtes Verhalten gezeigt hat und somit die Puppe den Mund, mit dem enthaltenden Leckerli, öffnet.

Darauf achten:

Die Socke sollte kaputt gehen dürfen. Allerdings sollte jedes Verhalten, was zerstörend sein kann direkt unterbunden und nur erwünschtes Verhalten belohnt werden.

Spieltunnel

Utensilien: Kinderspielzeugnetz, Leckerlis

Ziel: Geschicklichkeit

Durchführung:

Für dieses Spiel nutzen wir, insofern vorhanden, ein Spielzeugaufbewahrungsnetz für Kinder, was man sonst von der Decke hängend für Spielzeug benutzt. Dieses Netz hat meist mehrere große Löcher, die in verschiedene Richtungen ausgerichtet sind. Bei diesem Spiel legst du dieses Netz ausgerbreitet auf den Boden und versteckst nun in den verschiedenen Löchern die Leckerlis. Sobald du das Kommando gibst, darf dein Hund sich auf die Suche begeben und mit der Schnauze in die Löcher, um die Leckerlis herauszubekommen. Falls dein Hund sich nicht traut mit der Schnauze hineinzugehen, kannst du dieses Spiel auch so spielen, dass dein Hund dir das Leckerli anzeigt und du es ihm dann gibst.

Belohnung:

Du belohnst deinen Hund mit den Leckerlis, die sich in dem Tunnel befinden.

Darauf achten:

Es ist wichtig darauf zu achten, dass sich dein Hund nicht verletzen kann und das Netz auch kaputt gehen darf.

Leckerli Spender

Utensilien: Kaugummispender, Leckerlis

Ziel: Geschicklichkeit und Einfallsreichtum

Durchführung:

Dieses Spiel ist recht einfach. Dafür brauchst du einfach einen Kaugummispender. Aus diesem entfernst du alle enthaltenden Kaufgummis und dann füllst du stattdessen Leckerlis hinein. Dann zeigst du deinem Hund einige Male wie der Mechanismus funktioniert und wie er an die Leckerlis kommen kann. Dann soll er es selber versuchen und herausbekommen wie der Mechanismus funktioniert. Dieses Spiel kann auch mit ähnlichen Gegenständen abgewandelt werden.

Belohnung:

Je eher dein Hund verstanden hat wie der Mechanismus funktioniert, desto mehr Leckerlis kann er bekommen und sich somit selbst belohnen.

Darauf achten:

Es ist wichtig darauf zu achten, dass dein Hund den Spender nicht kaputt macht und nicht zu viele Leckerlis fressen kann. Außerdem soll er sich selbstverständlich nicht verletzen können.

DIY SPIELE

Einführung DIY Spiele

Die DIY Spiele sind auf jeden Fall die Spiele, die für dich als Besitzer am aufwendigsten sind. Allerdings ist es bei den meisten Spielen so, dass sie lediglich beim ersten Mal den Bauaufwand haben und anschließend nur noch erschwert werden könnten. Dafür kannst du deiner Handwerker Ader freien Lauf lassen. Selbst wenn diese bei dir nicht so ausgeprägt sein sollte, mach dir keine Sorgen, denn auch diese Spiele sind keine Zauberei. Die Anleitungen sind einfach beschrieben und die Komponenten sind übersichtlich. Dementsprechend sollte es jeder hinbekommen die Spiele zu bauen.

Nach dem Bauen kann sich dein Hund an den Spielen erfreuen und sich daran ausprobieren. Wenn für deinen Hund eine Abwandlung des Spiels geeigneter ist, kannst du das Spiel dementsprechend selbstverständlich abwandeln. Darüber hinaus sind der Kreativität keine Grenzen gesetzt. Auch bei dem Erschweren der einzelnen Spiele kannst du dir frei überlegen was deinen Hund nun individuell fordern würde oder ob du gerne eine gewisse Fähigkeit deines Hundes trainieren und deswegen deinen Fokus darauf legen möchtest.

Die Spiele sind für unterschiedliche Fähigkeiten deines Hundes gedacht und dementsprechend kannst du je nach Fähigkeit, die trainiert werden soll, das Spiel auswählen. Einige der Komponenten, die du für den Bau der Spiele brauchst wirst du vermutlich bereits bei dir im Haushalt finden. Das macht es umso leichter diese Spiele in deinen Alltag und den Alltag deines Hundes einzubauen.

Joghurtbecher

Utensilien: Joghurtbecher (leer), Joghurtbecherpappe

Ziel: Geschicklichkeit

Durchführung:

Für dieses Spiel musst du einfach nur im Supermarkt deinen Lieblingsjoghurt kaufen und die Pappe, in der diese zum Verkauf stehen, mitnehmen. Anschließend werden die Joghurtbecher nach dem Verzehr ausgewaschen und dann umgedreht auf die Löcher in der Pappe verteilt. Dabei werden unter einigen Bechern Leckerlis versteckt. Sobald du das Kommando gibst, darf dein Hund sich auf die Suche nach den Leckerlis machen. Dabei kann er entweder die richtigen Becher umschmeißen oder dir anzeigen, sodass du die Becher anhebst. Da kannst du individuell bei deinem Hund entscheiden, was die bessere Alternative ist.

Belohnung:

Dein Hund wird mit den im Spiel integrierten Leckerlis belohnt. Wenn du weitere Belohnungen einführen möchtest, wäre dies nach dem Spiel sinnvoll.

Darauf achten:

Es ist wichtig darauf zu achten, dass dein Hund sich nicht verletzen kann und das Spiel nicht kaputt macht. Sollte das der Fall sein, das Spiel sofort abbrechen.

Leckerli Rutsche

Utensilien: Ikea Hocker, Flexrohr, Klebeband, Leckerlis

Ziel: Auf die Sinne hören und Aufmerksamkeit

Durchführung:

Für dieses Spiel wird zunächst ein einfacher Ikea Hocker, der bei etwa 5€ liegt, gebraucht. Dieser wird mit der Sitzfläche auf den Boden gestellt. Anschließend wird das Flexrohr außen um die Beine des Hockers gewickelt und dann mit dem Klebeband fixiert. Dabei darauf achten, dass der Anfang des Rohres oben ist und das Ende auf dem Boden. Sobald das Ganze hält, kannst du am oberen Ende ein Leckerli hineingeben. Dieses rollt dann bis nach unten. Dein Hund darf vor dem unteren Ende warten. Dabei soll dein Hund hören wie sich das Leckerli nach unten bewegt. Wenn das Leckerli angekommen ist, muss dein Hund auf dein Kommando warten und es dann essen. Dabei soll die Geduld, aber vor allem die Aufmerksamkeit deines Hundes gefördert werden.

Belohnung:

Wenn dein Hund genug Aufmerksamkeit aufgebracht hat und sich dann am Ende auch gedulden konnte, wird er mit dem Leckerli belohnt.

Darauf achten:

Es ist wichtig, dass dein Hund sich nicht verletzten kann und dass das Leckerli ohne Hinderung unten ankommen kann.

Schachtelschieber

Utensilien: Toilettenpapier/ Haushaltsrolle (leer), Brausetablettenverpackung (rund, leer)

Ziel: Geschicklichkeit

Durchführung:

Dieses Spiel ist in der Konstruktion sehr simpel. Dafür brauchst du zunächst eine leere Brausetablettenschachtel, wie du sie nahezu überall bekommst. Anschließend nimmst du, je nach Höhe deiner Schachtel, eine leere Toilettenpapier- oder eine Küchentuchrolle. Nun steckst du die Tablettenschachtel so in die Rolle, dass die Tablettenschachtel vorne noch etwas heraussteht. In die andere Seite der Küchenrolle legst du nun einige Leckerlis. Dein Hund kann anschließend auf dein Kommando hin die Tablettenschachtel mit der Schnauze in die Rolle zu schieben, sodass die Leckerlis auf der anderen Seite herausfallen. Um das Ganze etwas schwerer zu gestalten, kannst du die Schachtel beschweren oder die Rolle verengen, sodass es schwieriger wird, die Schachtel nach hinten zu schieben.

Belohnung:

Dein Hund wird mit den Leckerlis belohnt, sobald er den Mechanismus verstanden hat.

Darauf achten:

Es ist wichtig, dass dein Hund sich an keiner Komponente verletzen kann.

Matrjoschka

Utensilien: Diverse Pappkartons (verschiedene Größen), Band, Schere, Leckerlis

Ziel: Geschick und Durchhaltevermögen

Durchführung:

Für dieses Spiel nimmst du mehrere Kisten in unterschiedlichen Größen, die du Ineinander stellen kannst und somit eine Art Matrjoschka hast. Nun stichst du in jeden Deckel zwei Löcher, durch die du dann ein Band ziehst, sodass dein Hund den Deckel der Box entfernen kann. Zur Vereinfachung kannst du in der Mitte jedes Bandes eine größere Kugel oder ähnliches anbringen. Außerdem solltest du in die Boxen mindestens ein kleines Loch machen, weil es sonst durch den Druck zu schwer sein könnte die Box zu öffnen. Dann gibst du entweder nur in die letzte Box oder auch schon zwischendurch Leckerlis hinein. Sobald du das Kommando gibst, darf dein Hund damit beginnen die Deckel zu entfernen. Um dieses Spiel zu üben, sollte dein Hund zunächst von einzelnen Boxen den Deckel entfernen können.

Belohnung:

Dein Hund wird durch das Finden des Leckerlis belohnt.

Darauf achten:

Es ist wichtig, dass dein Hund sich nicht verletzen kann und problemlos die Deckel abheben kann.

Wippe

Utensilien: Holzstück (Zylinder), Holzbrett, Leckerlis

Ziel: auspowern und Geschicklichkeit

Durchführung:

Dieses Spiel ist leicht zu bauen. Du nimmst ein zylinderförmiges Stück Holz. Auf diesem Stück befestigst du ein längliches Stück Holz. Dieses Stück muss mittig platziert werden, damit die Wippe am Ende auch funktioniert. Dann bringst du an einem Ende noch ein kleines Stück Holz an, sodass das Leckerli nicht runter fallen kann. Sobald die Konstruktion fertig ist, legst du auf die dafür vorgesehene Seite ein Leckerli und dein Hund darf auf dein Kommando hin die Wippe betätigen. Am besten so, dass das Leckerli etwas fliegt. Dieses Spiel bedarf etwas Vorbereitung, damit dein Hund diesen Mechanismus versteht, aber auch da gilt etwas Geduld bei Hund und Herrchen, dann macht das Spiel anschließend umso mehr Spaß.

Belohnung:

Sobald dein Hund den Mechanismus verstanden hat, wird er mit den Leckerlis auf der Wippe belohnt.

Darauf achten:

Es ist wichtig darauf zu achten, dass sich dein Hund nicht verletzen kann.

Auf der Kippe

Utensilien: 3 Holzbretter, Stab, Rohr, Verschlusskappe, Nägel

Ziel: Geschicklichkeit

Durchführung:

Du legst ein Brett, das in etwa so breit sein sollte wie das Rohr, auf den Boden. Dann befestigst du die anderen beiden Bretter hochkant auf gleicher Höhe an je einer Seite mittig an dem Brett. Nun bohrst du jeweils ein Loch auf gleicher Höhe in die hochkanten Bretter. In das Rohr bohrst du ebenfalls mittig auf beiden Seiten ein Loch. Dann befestigst du das Rohr zwischen den beiden Brettern und stabilisierst das Ganze mithilfe des Stabes. An dem einen Rohrende bringst du nun noch einen Verschluss an. Danach gibst du ein Leckerli in das Rohr und dein Hund darf nun versuchen das Rohr so zu kippen, dass das Leckerli herausfällt. Dieses Spiel ist etwas aufwendiger, aber ist die Konstellation einmal gebaut, kann das Spiel beliebig abgewandelt werden.

Belohnung:

Sobald dein Hund herausgefunden hat wie der Kippmechanismus funktioniert, kann er sich selber mit dem herausfallenden Leckerli belohnen.

Darauf achten:

Es ist wichtig darauf zu achten, dass sich dein Hund nicht verletzen kann.

Fischen

Utensilien: Korb, Seil, Korken, Leckerli

Ziel: Geschicklichkeit

Durchführung:

Für dieses Spiel brauchst du entweder einen tiefen Korb oder einen tiefen Karton. Es muss so stabil sein, dass dein Hund es nicht bewegen kann. Dann bindest du an die eine Seite des Seils einen Korken und an die andere Seite ein Leckerli. Das Leckerli gibst du dann in den Korb und der Korken sollte auf der anderen Seite aus dem Korb raushängen. Nun muss dein Hund, auf dein Kommando hin, versuchen an das Leckerli zu kommen, indem er an dem Korken zieht. Um das Ganze zu erschweren kannst du ein kleines Gewicht an das Seil, wo sich das Leckerli befindet, binden. Außerdem könntest du auch mehrere Seile hineinhängen und nicht an jedes Ende ein Leckerli binden.

Belohnung:

Dein Hund wird belohnt, sobald er es geschafft hat das Leckerli aus dem Korb zu ziehen.

Darauf achten:

Es ist wichtig darauf zu achten, dass dein Hund sich nicht verletzen und nicht in den Korb hineingucken kann.

Schachtelspiel

Utensilien: 1 großer Karton, 9 kleine Schachteln, Band, Schere

Ziel: Geruchssinn und Geschicklichkeit

Durchführung:

Dieses Spiel ist ähnlich wie das Matrjoschka Spiel. Allerdings benötigst du für dieses Spiel mehrere gleich große Kartons mit Deckel. Dann machst du wieder in jeden Deckel zwei Löcher und ziehst anschließend ein Band hindurch. Nun platzierst du etwa 9 kleine Kartons in einem großen Karton. In einigen kleinen Kartons versteckst du Leckerlis. Nun muss dein Hund herausfinden in welchen Boxen sich die Leckerlis befinden und diese Boxen dann öffnen, um an das Leckerli zu gelangen. Auch hier kannst du zur Vereinfachung eine Kugel oder ähnliches an dem Band befestigen.

Belohnung:

Sobald dein Hund erfolgreich die Boxen ausfindig gemacht hat und den Deckel entfernt hat, belohnt er sich selbst mit dem darin enthaltenden Leckerli.

Darauf achten:

Es ist wichtig, dass sich dein Hund nicht verletzen kann und die Höhe und Breite der kleinen Schachteln an die Schnauze deines Hundes angepasst sind.

Deckel Schieber

Utensilien: 1 Brett, 3 Marmeladendeckel, 3 Leisten

Ziel: Geschicklichkeit

Durchführung:

Zunächst muss das Brett breiter sein als die Marmeladendeckel. Dann bringst du die beiden Leisten an den langen Seiten des Brettes horizontal an. Zu guter Letzt nimmst du ein kleines Stück Leiste und bringst dieses an einem der beiden kurzen Holzbrettseiten an. Nun kannst du unter einem oder mehreren Marmeladendeckeln ein Leckerli verstecken und dein Hund muss anschließend versuchen daran zu kommen, indem er die Marmeladendeckel vom Brett herunterschiebt oder sich anderweitig zu helfen weiß.

Belohnung:

Hat dein Hund die Aufgabe gemeistert, wird er mit den im Spiel enthaltenden Leckerlis belohnt.

Darauf achten:

Es ist wichtig darauf zu achten, dass dein Hund sich nicht verletzen kann.

Dreh die Abwehrkräfte

Utensilien: 9 Actimelflaschen, Band, Perlen, Leckerlis

Ziel: Geschicklichkeit

Durchführung:

Für dieses Spiel musst du zunächst die Actimel Flaschen auswaschen. Dann musst du in jede Flasche kurz vor dem Hals der Flaschen zwei Löcher auf gleicher Höhe bohren. Anschließend fädelst du ein Actimel jeweils zwischen zwei Perlen, damit die Actimelflaschen nicht verrutschen können. An den jeweiligen Enden musst du etwas mehr Band übrig lassen. Danach kannst du das Band dann zwischen zwei Gegenständen platzieren oder in der Hand behalten. Dann gibst du in einige Flaschen ein Leckerli und nun muss dein Hund versuchen die Leckerlis herauszubekommen, indem er die Flaschen umdreht, sodass die Leckerlis herausfallen.

Belohnung:

Sobald dein Hund die Flaschen gedreht hat und die Leckerlis herausfallen, wird er belohnt.

Darauf achten:

Es ist wichtig darauf zu achten, dass dein Hund sich nicht verletzen kann.

Glücksrad

Utensilien: Holzquadrat, 2 Holzstreben, Stab, Süßigkeitenbox (leer), Leckerlis

Ziel: Geschicklichkeit und Spaß

Durchführung:

Zunächst nimmst du das quadratische Holzstück und befestigst die längeren Holzstücke an den beiden Seiten. Dann bohrst du auf gleicher Höhe ein Loch. Durch diese beiden Löcher kommt später der runde Stab. Zuvor nimmst du die runde Süßigkeitenbox und bohrst einmal durch die Mitte ein Loch, sodass du den Stab dadurch ziehen kannst. Dann bohrst du in die Seite der Packung noch etwa 5 Löcher in regelmäßigen Abständen, durch die die Leckerlis passen. Diese nicht zu groß machen, damit das Spiel nicht zu leicht wird. Nun kommen die Leckerlis in die Verpackung und der Stab mit der Verpackung zwischen die beiden vertikalen Holzstücke. Nun kann dein Hund wie an einem Glücksrad drehen und versuchen die Leckerlis aus der Verpackung zu bekommen.

Belohnung:

Dein Hund belohnt sich, indem er das Glücksrad so dreht, dass die Leckerlis herausfallen.

Darauf achten:

Achte darauf, dass dein Hund sich nicht verletzen kann und problemlos an das Drehrad herankommen kann.

Schlusswort Spiele

In diesem Buch hast du hoffentlich einige Anregungen für dich und deinen Hund bekommen. Vermutlich hast du auch schon einige Spiele ausprobiert, um den Alltag deines Hundes etwas abwechslungsreicher und bunter zu gestalten. Hoffentlich hattet ihr eine Menge Spaß beim Ausprobieren.

Auch Hunde brauchen in ihrem Leben Abwechslung und Hunde lieben es zu spielen. Dabei sind die Möglichkeiten nahezu unbegrenzt, allerdings mangelt es uns als Besitzern dann doch an Kreativität und der Motivation sich etwas auszudenken. Dementsprechend beschäftigen wir unseren Hund meist gleich. Diese Spiele sind dafür gedacht, dass du Anregungen bekommst und dir nicht zu viele Gedanken darum machen musst, dass deinem Hund nicht langweilig wird.

Die Spiele sind vielseitig und universell nutzbar. Die Rasse, die Größe oder das Alter spielen bei den meisten Spielen keine Rolle. Für jeden Hund wird sich ein tolles Spiel finden lassen.

Neben den alltäglichen Beschäftigungen deines Hundes wie spazieren gehen oder Trainings in der Hundeschule, sind Spiele wichtig, um gewisse Fähigkeiten zu trainieren und deinen Hund vielseitig zu fordern.

Wir hoffen, dass ihr weiterhin Spaß mit den Spielen haben werdet und du damit dir und deinem Hund den Alltag etwas abwechslungsreicher gestalten kannst.

HINWEISE ZU DEN REZEPTEN

Bevor es nun mit den 55 Hundekeksrezepten losgeht, noch einige Hinweise:

Wenn du mit deinem Hund viel spielst, möchtest du ihn während oder nach dem Spielen sicherlich auch mal belohnen. Bei den Leckerlis, die du kaufen kannst, weißt du ja meistens doch nicht ganz genau was darin ist. Darüber hinaus ist auch hier Abwechslung für deinen Hund schöner. Wir essen schließlich auch nicht immer das Gleiche. Damit auch hier der Alltag deines Hundes etwas bunter wird, findest du im Folgenden eine Vielzahl an Rezepten, damit du Leckereien für deinen Liebling selber machen kannst. Ganz simpel und du weißt genau, was dein Hund da am Ende Gutes als Belohnung bekommt.

Keine Fotos zu den einzelnen Rezepten?

Bevor es Kritik und negative Rezensionen aufgrund fehlender Bilder hagelt, eine kurze Erklärung wieso wir uns dafür entschieden haben. Normalerweise sind Rezeptbücher voller schöner Hochglanzfotos, die Lust aufs Kochen machen sollen. Normalerweise kosten solche Rezeptbücher schnell 20€ bis 50€ und sind eigentlich viel zu schade, um sie in der Küche zu verwenden. Sie könnten dreckig oder beschädigt werden – im Regal sind sie viel besser aufgehoben! Zudem sind sie groß, unhandlich und schwer – dabei ist es in der Küche beim Kochen oft auch so schon eng genug. Hand aufs Herz: die meisten Kochbücher verstauben im Regal und werden höchstens einmal durchgeblättert und dann nie wieder benutzt.

Stattdessen werden Rezepte aus dem Internet ausgedruckt. Da ist es uns auch egal, ob der Zettel dreckig wird, einreißt oder geknickt wird. Gedruckt wird sowieso nur die Anleitung in Schwarz-Weiß, wir wissen ja wie es am Ende aussehen soll. So entsteht nach und nach eine Rezeptsammlung aus losen Zetteln, die irgendwo in der Küche liegt. Wir kennen das aus den Küchen unserer Großeltern, Eltern, deren Freunde und unter Umständen auch aus unserer eigenen Küche.

Deshalb haben wir uns bewusst dafür entschieden, auf Bilder bzw. Fotos zu verzichten und dafür 55 leckere Rezepte, zu einem günstigen Preis, zu veröffentlichen. Wir haben uns auch bewusst für ein handliches Format entschieden, sodass du dieses Kochbuch problemlos in der Küche verwenden kannst und es nicht im Regal verstaubt. Dieses Buch ist weder zu dick noch zu schwer, so findet es überall in der Küche Platz. Dieses Kochbuch wird dir auch nicht zu schade sein, wenn es mal einen Fettspritzer abbekommt oder du mit dreckigen Fingern umblättern musst – wobei wir darauf geachtet haben, dass jedes Rezept auf einer Seite geschrieben ist und trotz fehlender Bilder durch die sehr ausführliche und simple Schritt-für-Schritt Anleitung leicht nach zu kochen ist.

Hinweise zu den Zutaten

Wir empfehlen dir die Verwendung von frischen Bio Zutaten. Wir sind der Meinung, dass wir auch unseren Vierbeinern so wenige Giftstoffe, in Form von Pestiziden und Co. wie möglich, zuführen sollten. Gänzlich vermeiden lässt es sich nicht, jedoch können wir auf Bio Zutaten zurückgreifen und somit die Belastung minimieren. Darüber hinaus ist ein großer Vorteil, dass du genau weißt welche Zutaten für die Leckerlis deines Hundes verwendet wurden und bei der Belohnung deines Hundes auf eventuelle Unverträglichkeiten und Allergien achten kannst. Des Weiteren ist es sehr wichtig, dass die enthaltenden Zutaten hundgerecht sind. Beispielsweise Schokolade darf dein Hund unter keinen Umständen verzehren. Abgesehen davon, dass Schokolade absolut nicht gut für die Zähne der Hunde ist, hat das darin enthaltende Theobromin eine toxische Wirkung. Mittlerweile gibt es jedoch auch Ersatzprodukte wie Hundeschokolade, damit auch dein Hund mal „naschen" kann. Die Rezepten, in denen Produkte, die Zucker enthalten genutzt werden, sollten anschließend in Form eines Leckerlis nicht allzu oft gefüttert werden, da der Zucker die Zähne deines Hundes schädigen kann.

Futterhäufigkeit

Wie bei den sonstigen Leckerlis, gilt bei den meisten Leckereien hier auch in Maßen Füttern ist besser. Schließlich soll dein Hund durch das ganze Spielen nicht Fett ansetzen, sondern beschäftigt werden. Dementsprechend gilt generell, dass du deinen Hund nicht mit Leckerlis vollstopfen solltest, davon habt ihr am Ende beide nichts. Teile dir die Belohnungen ein.

Aufbewahrung & Haltbarkeit

Die Leckerlis solltest du in einem luftdichten Behälter aufbewahren, damit diese nicht so schnell verschimmeln und schlecht werden. Durch die fehlenden Konservierungsstoffe ist die Haltbarkeit natürlich bei weitem nicht so lange wie von den Leckerlis, die du sonst kaufst. Um die Haltbarkeit zu gewährleisten ist es wichtig, dass die Leckerlis vor der Aufbewahrung komplett durchgetrocknet sind. Dafür diese entweder im Ofen lassen oder aber herausholen und stehen lassen. Sonst kann es passieren, dass sich direkt Schimmel bildet. Außerdem gilt: je dünner die Leckerlis, desto länger halten diese in der Regel. Wenn du dich an diese simplen Regeln hältst, werden die Leckerlis, je nach Zutaten, etwa 2 Wochen bis zu 2 Monaten halten. Keine Sorge, sollte sich Schimmel gebildet haben, wirst du das in der Regel erkennen und somit deinem Hund nichts Schlechtes füttern.

Formen

Die Leckerlis, die du selber herstellst, sollen fürs Auge ebenfalls ansprechend sein, schließlich isst auch hier das Auge mit. Dementsprechend bietet es sich bei den meisten Rezepten an den Teig mithilfe von passenden Förmchen zu portionieren. Dabei kannst du auf jede Form zurückgreifen, aber selbstverständlich sind die typischen Formen wie ein Hundeknochen oder ein Pfotenabdruck ziemlich süß. Dementsprechend ist es dir prinzipiell selbst überlassen auf welche Form du zurückgreifst. Nehme das was dir (und deinem Hund) gefällt.

REZEPTE

LECKERLIES

Leberwurst Kekse

Zubereitungszeit: 15 min

Schwierigkeit: leicht

Zutaten:

- 300g Frischkäse (körnig)
- 200g Haferflocken (grob)
- 200g Haferflocken (fein)
- 200g Leberwurst
- 12 EL Olivenöl
- 1 Ei

Zubereitung:

1. Zunächst alle Zutaten in eine Schüssel geben und miteinander vermengen.

2. Dann den Teig durchkneten, bis dieser fest wird und eine einheitliche Masse geworden ist.

3. Anschließend den Teig ausrollen und mit einem Ausstecher die Formen ausstechen. Auf ein, mit Backpapier ausgelegtes, Backblech legen.

4. Für etwa 10 Minuten bei 160°C Umluft in dem Backofen backen bis der Teig goldbraun ist.

5. Zu guter Letzt aus dem Ofen nehmen, abkühlen lassen und dann in einen passenden Aufbewahrungsbehälter geben.

Zucchini-Frischkäse Kekse

Zubereitungszeit: 30 min

Schwierigkeit: leicht

Zutaten:

- 200g Kartoffelmehl
- 200g Zucchini
- 200g Schmand
- 2 Eier
- 1 TL Kokosöl

Zubereitung:

1. Zuerst die Zucchini waschen und dann fein hacken oder klein raspeln.

2. Anschließend gemeinsam mit den anderen Zutaten in eine Schüssel geben.

3. Nun alle Zutaten gründlich miteinander vermengen.

4. Danach in eine passende Auflaufform geben und bei 160°C Umluft für etwa 20 Minuten backen.

5. Zu guter Letzt aus dem Ofen nehmen, abkühlen lassen, dann in einzelne Leckerlis teilen und In eine Aufbewahrungsbox geben.

Kartoffel-Bacon Kekse

Zubereitungszeit: 30 min

Schwierigkeit: leicht

Zutaten:

- 150g Kartoffeln (mehlig kochend)
- 100g Haferflocken
- 100g Bacon
- 50g Vollkornweizenmehl
- 1-2 EL Olivenöl

Zubereitung:

1. Zunächst die Kartoffeln schälen und dann in einem Topf kochen.

2. Währenddessen den Bacon klein hacken.

3. Sobald die Kartoffeln gar sind, diese kurz abkühlen lassen und dann durch eine Kartoffelpresse geben und gemeinsam mit allen weiteren Zutaten in eine Schüssel geben.

4. Die Masse zu einem glatten Teig verkneten. Dann ausrollen und mit einem Ausstecher portionieren.

5. Auf ein, mit Backpapier ausgelegtes, Backblech geben und dann bei 180°C Umluft für etwa 10 Minuten backen.

Spinat Kekse

Zubereitungszeit: 30 min

Schwierigkeit: leicht

Zutaten:

- 200g Frischkäse (körnig)
- 100g Spinat
- 100g Kartoffelmehl
- 2 Eier

Zubereitung:

1. Als Erstes den Spinat gründlich waschen und dann in einem Topf garen.

2. Sobald der Spinat fertig gegart ist, diesen abkühlen lassen und dann gemeinsam mit den weiteren Zutaten in eine Schüssel geben.

3. Nun die Zutaten zu einem glatten Teig verkneten. Ausrollen und dann mit einem Ausstecher portionieren.

4. Zu guter Letzt auf ein, mit Backpapier ausgelegtes, Backblech geben bei 180°C Umluft für etwa 20 Minuten backen.

Frischkäse Kekse

Zubereitungszeit: 30 min

Schwierigkeit: leicht

Zutaten:

- 200g Haferflocken
- 150g Frischkäse (körnig)
- 1 Eigelb
- 3 EL Milch (1,5% Fett)
- 3 EL Olivenöl

Zubereitung:

1. Zuerst das Ei trennen. Das Eigelb mit den weiteren Zutaten in eine Rührschüssel geben. Das Eiweiß für ein anderes Rezept nutzen.

2. Dann die Zutaten zu einem festen Teig verkneten.

3. Anschließend den Teig zu Bällen formen und diese dann platt drücken. Auf ein Backblech, mit Backpapier darauf, legen.

4. Nun bei 160°C Umluft für etwa 20 Minuten backen. Danach abkühlen lassen und in eine Aufbewahrungsbox geben.

Kokos-Kügelchen

Zubereitungszeit: 10 min + 30 min Kühlzeit

Schwierigkeit: mittel

Zutaten:

- 50g Kokosraspel
- 40g Schlagsahne
- 40g HUNDE-Schokolade (weiß)
- 15g Kokosöl

Zubereitung:

1. Zunächst die Schokolade klein hacken. Zur Seite stellen.

2. Dann die Sahne und das Kokosöl in einem Topf erhitzen und darin die Schokolade auflösen.

3. Sobald die Schokolade in der Mischung aufgelöst ist, die Kokosraspel hinzufügen.

4. Anschließend die Mischung für mindestens 30 Minuten im Kühlschrank kalt stellen.

5. Zu guter Letzt die erhärtete Masse zu kleinen Kugeln formen. Damit die Kugeln ihre Form nicht allzu stark verändern, am besten in einem Aufbewahrungsbehälter in dem Kühlschrank lagern.

Fisch Kekse

Zubereitungszeit: 40 min

Schwierigkeit: mittel

Zutaten:

- 250g Weizenvollkornmehl
- 100g Lachsfilet
- 1 Ei
- 1 EL Olivenöl

Zubereitung:

1. Als Erstes den Fisch in einen Topf geben und kochen lassen. Anschließend in einen Mixer geben und zerkleinern.

2. Das pürierte Lachsfilet in einer Schüssel mit den weiteren Zutaten vermengen.

3. Nun die Zutaten zu einem glatten Teig verkneten. Danach den Teig zu kleinen Kugeln formen.

4. Auf ein Backblech mit Backpapier legen und dann bei 170°C Umluft für etwa 25 Minuten backen lassen.

5. Zu guter Letzt die Kugeln bei niedriger Temperatur im leicht geöffneten Ofen aushärten lassen.

Bananen-Erdnuss Kekse

Zubereitungszeit: 35 min

Schwierigkeit: mittel

Zutaten:

- 250g Bananen
- 150g Haferflocken
- 50g Erdnussbutter (ohne Salz & Zucker)

Zubereitung:

1. Zuerst die Zutaten in eine Schüssel geben und gründlich miteinander verkneten.

2. Dann den fertig gekneteten Teig ausrollen und mit einem Ausstecher portionieren.

3. Auf einem Backpapier auf ein Backblech geben und dann bei 180°C Umluft für etwa 25 Minuten backen.

Quark-Hack Kekse

Zubereitungszeit: 40 min

Schwierigkeit: mittel

Zutaten:

- 200g Weizenvollkornmehl
- 150g Rinderhack
- 150g Quark
- 1 Ei
- 6 EL Olivenöl

Zubereitung:

1. Zunächst den Backofen auf 200°C Umluft vorheizen.

2. Währenddessen alle Zutaten In einer großen Schüssel miteinander vermengen.

3. Anschließend den Teig gleichmäßig auf einem, mit Backpapier ausgelegten, Backblech verteilen.

4. Dann glatt streichen und nach etwa 30 Minuten Backzeit in kleine Stücke schneiden.

Kartoffel-Fleisch Kekse

Zubereitungszeit: 50 min

Schwierigkeit: leicht

Zutaten:

- 200g Kartoffeln
- 100g Geflügelfleisch
- 2 Eier
- Etwas Olivenöl
- Etwas Wasser

Zubereitung:

1. Zuerst die Kartoffeln schälen und dann in einem Topf mit Wasser gar kochen. Anschließend etwas abkühlen lassen und durch eine Kartoffelpresse in eine Schüssel geben.

2. Nun das Fleisch klein schneiden und in einem Topf garen. Danach in einen Mixer geben, zerkleinern und zu den Kartoffeln geben.

3. Alle weiteren Zutaten hinzufügen und die Masse zu einem glatten Teig verkneten. Dann ausrollen und mithilfe eines Ausstechers portionieren.

4. Auf einem, mit Backpapier ausgelegten, Backblech bei 160°C Umluft für etwa 30 Minuten backen.

Lachs Kekse

Zubereitungszeit: 30 min

Schwierigkeit: leicht

Zutaten:

- 420g Weizenvollkornmehl
- 225g Lachs
- 35g Petersilie (frisch)
- 2 Eier
- 2 EL Leinöl

Zubereitung:

1. Zuerst den Lachs in kleine Stücke schneiden und in eine Schüssel geben. Das Weizenvollkornmehl, die Eier und das Leinöl hinzufügen und alle Zutaten miteinander vermischen.

2. Nun die Petersilie waschen, trocken schütteln, klein hacken und in die Mischung geben. Alle Komponenten zu einem glatten Teig verkneten.

3. Aus dem Teig kleine Kugeln formen und diese auf einem Backpapier platt drücken. Danach bei 90°C für etwa 20 Minuten backen.

Forellen-Hafer Hundekekse

Zubereitungszeit: 30 min

Schwierigkeit: mittel

Zutaten:

- 200g Forelle (geräuchert)
- 200g Weizenvollkornmehl
- 100g Haferflocken (grob)
- 80ml Wasser
- 2 Eier

Zubereitung:

1. Zunächst die Forelle fein schneiden und in eine Schüssel geben.

2. Danach alle weiteren Zutaten hinzufügen und in der Schüssel miteinander vermengen.

3. Nach Belieben noch etwas Wasser hinzufügen und dann zu einem glatten Teig verkneten.

4. Nun den Teig auf einem Backblech verteilen und bei 180°C Umluft für etwa 20 Minuten backen.

5. Anschließend herausnehmen, etwas abkühlen lassen und dann in kleine Stücke teilen.

Buchweizen Leckerlies

Zubereitungszeit: 40 min

Schwierigkeit: leicht

Zutaten:

- 150g Buchweizenmehl
- 150g Reis (gekocht)
- 100g Babybrei (nach Belieben)
- 1 EL Rapsöl

Zubereitung:

1. Zuerst den Reis in einem Kochtopf gar kochen. Anschließend in eine Schüssel geben und etwas abkühlen lassen.

2. Nun die weiteren Zutaten zu dem Reis hinzufügen.

3. Die Zutaten gründlich in der Schüssel miteinander vermengen bis ein glatter Teig entstanden ist.

4. Dann den Teig auf einem Backblech verteilen und bei 180°C Umluft für etwa 20 Minuten backen.

5. Anschließend etwas abkühlen lassen und dann portionieren.

Obst Kekse

Zubereitungszeit: 30 min

Schwierigkeit: leicht

Zutaten:

- 200g Weizenvollkornmehl
- 150g Banane
- 120g Karotten
- 100g Haferflocken
- 50ml Sonnenblumenöl

Zubereitung:

1. Zunächst die Schale der Karotten entfernen und die Karotten anschließend klein raspeln.

2. Danach die Banane schälen und in einer Schüssel zerdrücken.

3. Alle weiteren Zutaten zu der Banane in die Schüssel geben und die Komponenten zu einem glatten Teig verkneten.

4. Nun den Teig ausrollen und mit einem Ausstecher portionieren.

5. Auf ein Backpapier geben und dann auf einem Backblech bei 160°C Umluft für etwa 20 Minuten backen.

Honig-Ziegenkäse Hundekekse

Zubereitungszeit: 30 min

Schwierigkeit: leicht

Zutaten:

- 250g Dinkelvollkornmehl
- 100g Ziegenkäse
- 50g Butter
- 6 EL Honig
- 2 EL Naturjoghurt (3,5% Fett)
- 1 EL Basilikum

Zubereitung:

1. Den Ziegenkäse in eine Schüssel bröseln. Alle weiteren Zutaten hinzufügen.

2. Dann alle Komponenten in der Schüssel gründlich miteinander zu einem glatten Teig verkneten.

3. Den Teig ausrollen und dann Kugel daraus formen. Die Teigkugeln platt drücken und auf einem Stück Backpapier verteilen.

4. Zum Schluss die Kekse auf einem Backblech bei 160°C Umluft für etwa 20 Minuten backen.

Apfel Kekse

Zubereitungszeit: 30 min

Schwierigkeit: leicht

Zutaten:

- 150g Weizenvollkornmehl
- 100g Apfel
- 75g Haferflocken (fein)
- 1 EL Sonnenblumenöl

Zubereitung:

1. Zuerst den Apfel waschen und dann mithilfe einer Reibe klein in eine Schüssel raspeln.

2. Anschließend alle weiteren Zutaten hinzufügen.

3. Dann alle Komponenten in der Schüssel zu einem glatten Teig verkneten.

4. Den Teig ausrollen und dann mit einem Ausstecher portionieren. Die einzelnen Leckerlis auf einem Backpapier platzieren.

5. Zu guter Letzt auf einem Backblech bei 160°C Umluft für etwa 25 Minuten backen.

Gemüse Plätzchen

Zubereitungszeit: 30 min

Schwierigkeit: leicht

Zutaten:

- 250g Zucchini
- 150g Weizenvollkornmehl
- 2 Eier
- Etwas Wasser

Zubereitung:

1. Zunächst die Zucchini gründlich waschen, die Enden entfernen und dann klein in eine Schüssel raspeln.

2. Die Eier aufschlagen, verquirlen und dann zu der Zucchini in die Schüssel geben. Gut miteinander vermengen.

3. Die weiteren Zutaten in die Schüssel dazugeben und alle Komponenten zu einem glatten Teig verkneten.

4. Dann den Teig ausrollen und mithilfe eines Ausstechers portionieren. Auf ein Backblech, mit Backpapier darauf, geben.

5. Zu guter Letzt bei 180°C Umluft für etwa 20 Minuten backen.

Käse Kekse

Zubereitungszeit: 40 min

Schwierigkeit: mittel

Zutaten:

- 120g Maismehl
- 80g Dinkelmehl
- 70g Gouda (gerieben)
- 1 TL Brühe (gekörnt, ohne Zusatzstoffe & salzfrei)
- 1 TL Petersilie (klein gehackt)
- 1 EL Olivenöl

Zubereitung:

1. Zuerst die Brühe in 60ml Wasser aufkochen lassen. Dann abkühlen lassen. Den Backofen auf 180°C Umluft vorheizen.

2. Dann alle Zutaten, außer die Brühe, in eine Schüssel geben und gründlich miteinander vermengen.

3. Nun die Brühe hinzufügen und die Komponenten gründlich zu einem glatten Teig verkneten.

4. Anschließend den Teig ausrollen und mithilfe eines Ausstechers portionieren. Auf einem Backpapier platzieren.

5. Auf einem Backblech für etwa 30 Minuten bei 180°C Umluft backen.

Erdnuss Kekse

Zubereitungszeit: 35 min

Schwierigkeit: leicht

Zutaten:

- 300g Weizenvollkornmehl
- 150g Banane
- 100g Erdnussbutter (salz- und zuckerfrei)
- 75g Haferflocken (fein)
- 25g Erdnüsse (ungesalzen)
- 1 EL Olivenöl

Zubereitung:

1. Zuerst den Backofen auf 200°C Umluft vorheizen.

2. Dann die Erdnüsse klein hacken und gemeinsam mit den Haferflocken und dem Mehl in einer Schüssel vermengen. Anschließend die Banane schälen und pürieren.

3. Danach die Banane mit der Erdnussbutter und dem Öl unter die restliche Masse geben und alles gründlich miteinander verkneten.

4. Nun den Teig ausrollen und nach Belieben ausstechen. Auf ein, mit Backpapier belegtes, Backblech geben und dann für etwa 25 Minuten backen.

Kokos Kekse

Zubereitungszeit: 30 min

Schwierigkeit: leicht

Zutaten:

- 250g Kokosflocken
- 250g Frischkäse
- 2 Eier

Zubereitung:

1. Die Kokosflocken, den Frischkäse und die Eier in einen Mixer geben und gemeinsam pürieren. Dabei darauf achten, dass die Masse weder zu zäh, noch zu flüssig ist. Falls eines der beiden zutreffen sollte, einfach mehr Frischkäse oder mehr Haferflocken hinzugeben.

2. Nach der Fertigstellung der Masse, diese auf einem Backblech verteilen.

3. Zu guter Letzt bei 180°C Umluft für etwa 25 Minuten backen lassen. Anschließend etwas abkühlen lassen und dann in kleine Stück schneiden.

Joghurt-Dinkel Taler

Zubereitungsdauer: 30 min

Schwierigkeit: leicht

Zutaten:

- 150g Naturjoghurt (3,5% Fett)
- 100g Dinkelmehl
- 100g Haferflocken
- 75g Apfel
- 50g Reismehl
- 1 EL Honig

Zubereitung:

1. Zunächst den Apfel waschen und dann mithilfe einer Reibe fein in eine Schüssel reiben.

2. Die anderen Zutaten ebenfalls in die Schüssel geben und alle Komponenten gründlich zu einem glatten Teig verkneten.

3. Dann aus dem Teig gleich große Kugeln formen und diese platt drücken. Auf einem Stück Backpapier platzieren.

4. Zu guter Letzt auf einem Backblech bei 180°C Umluft für etwa 20 Minuten backen.

Quark-Honig Kekse

Zubereitungszeit: 30 min

Schwierigkeit: leicht

Zutaten:

- 325g Haferflocken
- 250g Speisequark (40% Fett)
- 25ml Rapsöl
- 2 Eier
- 2 EL Naturjoghurt (3,5% Fett)
- 2 TL Honig

Zubereitung:

1. Als Erstes alle Zutaten in eine Schüssel geben und gründlich miteinander zu einem glatten Teig verkneten.

2. Nun den Teig ausrollen und mit einem Ausstecher portionieren. Auf ein Backpapier legen.

3. Zu guter Letzt die Leckerlis auf einem Backblech bei 180°C Umluft für etwa 20 Minuten backen.

Kartoffel-Schinken Leckereien

Zubereitungszeit: 50 min

Schwierigkeit: schwer

Zutaten:

- 150g Kartoffeln (mehlig kochend)
- 150g Weizenvollkornmehl
- 100g Haferflocken
- 50g Schinken (in Würfeln)
- 30g Spinat (frisch)
- 1 EL Kräuter

Zubereitung:

1. Zuerst die Kartoffeln schälen und dann in einem Topf gar kochen. Anschließend leicht abkühlen lassen und dann durch eine Kartoffelpresse in eine Schüssel geben.

2. Nun das Mehl und die Haferflocken unter die Kartoffelmasse mischen und alle Zutaten zu einem glatten Teig verkneten.

3. Dann alle weiteren Zutaten dazugeben und mit in den Teig kneten. Den Teig zu gleich großen Kugeln formen.

4. Zu guter Letzt auf einem Backpapier auf ein Backblech geben und dann bei 170° C Umluft für etwa 30 Minuten backen.

Babybrei Kekse

Zubereitungszeit: 25 min

Schwierigkeit: leicht

Zutaten:

- 220g Babygläschen (Sorte nach Belieben)
- 100g Vollkorn-Reismehl
- 1 EL Rapsöl
- Spritzbeutel

Zubereitung:

1. Zunächst alle Zutaten in eine Schüssel geben. Anschließend mithilfe eines Rührgerätes zu einer glatten Masse vermengen.

2. Sobald der Teig fertig ist, diesen in einen Spritzbeutel geben und dann auf ein, mit Backpapier belegten, Backblech kleine Häufchen spritzen.

3. Das Backblech nun in den Ofen geben und die Leckerlis dann bei 180°C Umluft für etwa 15 Minuten knusprig backen.

4. Anschließend die Leckerlis komplett abkühlen lassen.

Valentinstags-Herzen

Zubereitungszeit: 40 min

Schwierigkeit: mittel

Zutaten:

- 125ml Wasser
- 125g Couscous
- 200g Rote Bete
- 2 Eiweiße
- 1 EL Olivenöl

Zubereitung:

1. Zuerst das Wasser in einem Wasserkocher zum Kochen bringen. Den Couscous in einen tiefen Teller oder eine Schüssel geben und sobald das Wasser kocht über den Couscous geben, sodass dieser aufquellen kann. Für etwa 10 Minuten quellen lassen.

2. Währenddessen die Rote Beete waschen, schälen und fein schneiden. Das Eiweiß in einer Schüssel aufschlagen.

3. Den Couscous abkühlen lassen und zusammen mit der Rote Bete in einer Schüssel vermengen. Den Eischnee unterheben. Dann portionsweise auf einem Backblech verteilen.

4. Den Backofen auf 160°C Umluft vorheizen und für etwa 20 Minuten knusprig backen.

Honigtaler

Zubereitungszeit: 40 min

Schwierigkeit: mittel

Zutaten:

- 200g Haferflocken
- 150g Weizenmehl
- 150ml Wasser
- 2 Eier
- 2 EL Honig
- 1 TL Brühe (gekörnt, ungesalzen, ohne Zusatzstoffe)

Zubereitung:

1. Zunächst die Brühe mit 60ml Wasser aufkochen lassen. Anschließend abkühlen lassen.

2. Alle weiteren Zutaten in eine Schüssel geben. Zuletzt die Brühe dazu geben.

3. Nun die Zutaten zu einem fest Teig verkneten. Dann in Kugeln aufteilen und diese platt drücken.

4. In den Ofen geben und dann bei 160°C Umluft für etwa 25 Minuten backen.

Leber Leckerchen

Zubereitungszeit: 40 min

Schwierigkeit: mittel

Zutaten:

- 500g Leber
- 500g Buchweizenmehl
- 400ml Wasser
- 30g Kräuter (gemischt)
- 1 Ei

Zubereitung:

1. Zuerst die Leber grob schneiden und dann in einem Mixer klein pürieren.

2. Nun die Leber mit den restlichen Zutaten zu einer flüssigen Masse vermischen.

3. Dann die Masse auf einem Backblech verteilen und glatt streichen.

4. Zu guter Letzt bei 200°C Umluft für etwa 30 Minuten in den Backofen geben. Danach kurz abkühlen lassen und in kleine Portionen schneiden.

5. Diese Leckerlis halten offen gelagert etwa 1 Woche. Nicht geschlossen lagern, sonst droht Schimmel.

Karotten-Käse Kekse

Zubereitungszeit: 35 min

Schwierigkeit: leicht

Zutaten:

- 75g Karotten
- 50g Dinkelmehl
- 10g Butter
- 1 EL Parmesan
- 1 EL Petersilie

Zubereitung:

1. Zunächst die Butter cremig rühren. Die Karotte schälen und dann mithilfe einer Reibe fein reiben und nach und nach in die Butter untermischen.

2. Dann die Petersilie waschen, trocken schütteln und klein hacken.

3. Nun die Petersilie, das Mehl und den Käse zu der Karottenmischung hinzufügen und alle Zutaten grob miteinander vermengen.

4. Danach den Teig mit den Händen zu einem glatten Teig verkneten. Zu Bällchen formen und dann bei 160°C Umluft für etwa 20 Minuten backen.

Apfel-Sesam Kekse

Zubereitungszeit: 10 min

Schwierigkeit: mittel

Zutaten:

- 90g Äpfel
- 70g Buchweizenmehl
- 40g Sesammus
- 1 Ei

Zubereitung:

1. Das Ei und das Sesammus in eine Schüssel geben und zu einer einheitlichen Masse verrühren.

2. Nun die Äpfel waschen und das Kerngehäuse entfernen. Grob hacken und dann in einem Mixer klein pürieren. Gemeinsam mit dem Mehl zu der Eimischung geben.

3. Danach die Zutaten zu einem glatten Teig verkneten. Den Teig ausrollen und die Kekse mit einem Ausstecher portionieren.

4. Zuletzt auf einem Backblech bei 180°C Umluft für etwa 20 Minuten backen.

Hagebutten Kekse

Zubereitungszeit: 15 min

Schwierigkeit: leicht

Zutaten:

- 80g Buchweizenmehl
- 50g Naturjoghurt (3,5% Fett)
- 40g Kokosmehl
- 10g Hagebuttenpulver
- 10g Sonnenblumenkerne (gemahlen)
- 1 Ei

Zubereitung:

1. Zuerst das Ei in einer Schüssel verquirlen und dann mit dem Joghurt vermischen. Die Sonnenblumenkerne klein mahlen.

2. Danach das Hagebuttenpulver, das Mehl und die gemahlenen Sonnenblumenkerne hinzugeben und alle Zutaten zu einem glatten Teig verkneten.

3. Dann den Teig ausrollen und mithilfe eines Ausstechers portionieren.

4. Nun bei 180°C Umluft für etwa 20 Minuten backen lassen.

Rind-Kartoffel Kekse

Zubereitungszeit: 30 min

Schwierigkeit: mittel

Zutaten:

- 70g Rindfleisch
- 40g Kartoffelflocken
- 40g Buchweizenmehl
- 1 Ei

Zubereitung:

1. Als Erstes das Rindfleisch in einem Mixer fein pürieren. Das Ei in einer Schüssel verquirlen und dann mit dem Rindfleisch vermengen.

2. Dann die Kartoffelflocken unter die Mischung rühren.

3. Danach das Mehl hinzufügen und alle Zutaten zu einem glatten Teig verkneten. Nun ausrollen und mithilfe eines Ausstechers portionieren.

4. In den Ofen geben und dann bei 180°C Umluft für etwa 20 Minuten backen lassen.

Karotten-Kurkuma Kekse

Zubereitungszeit: 30 min

Schwierigkeit: mittel

Zutaten:

- 150g Buchweizenmehl
- 60g Karottenbrei
- 15g Kokosöl
- 10g Kurkumapulver

Zubereitung:

1. Zuerst das Kokosöl schmelzen lassen. Dann mit dem Karottenbrei und dem Ei vermischen.

2. Danach das Kurkumapulver und das Buchweizenmehl hinzugeben.

3. Nun alle Zutaten zu einem glatten Teig verkneten. Diesen ausrollen und mit einem Ausstecher ausstechen.

4. Auf einem Backblech bei 180°C Umluft für etwa 20 Minuten backen lassen.

Bananen-Joghurt Kekse

Zubereitungszeit: 30 min

Schwierigkeit: mittel

Zutaten:

- 250g Buchweizenmehl
- 100g Banane
- 50ml Naturjoghurt (3,5% Fett)
- 10g Kokosöl
- 1 Ei

Zubereitung:

1. Zuerst die Banane in einer Schüssel, mit einer Gabel, zerdrücken.
2. Dann nach und nach das Ei, den Joghurt und das Kokosöl hinzufügen.
3. Danach kommt noch das Mehl dazu, alle Zutaten zu einem glatten Teig verkneten.
4. Den fertigen Teig ausrollen und dann mit einem Ausstecher portionieren.
5. Die Kekse im Ofen bei 170°C Umluft für etwa 20 Minuten backen.

Cranberry Herzen

Zubereitungszeit: 25 min

Schwierigkeit: leicht

Zutaten:

- 120g Reismehl
- 50g Cranberries (getrocknet)
- 2 Eier
- 1 EL Kokosöl

Zubereitung:

1. Als Erstes das Kokosöl schmelzen lassen. Währenddessen die Eier verquirlen.

2. Die Cranberries klein hacken. Die Eier mit dem Reismehl, dem Kokosöl und den Cranberries zu einem glatten Teig verkneten.

3. Aus dem Teig Kugeln formen, diese auf einem Backblech platzieren und dann platt drücken.

4. In den Ofen geben und bei 160°C für etwa 15 Minuten backen lassen.

Weizenfreie Kekse

Zubereitungszeit: 35 min

Schwierigkeit: leicht

Zutaten:

- 250g Dinkelmehl
- 100g Ziegenfrischkäse
- 50g Butter
- 6 EL Honig
- 2 EL Naturjoghurt (3,5% Fett)
- 1 EL Basilikum

Zubereitung:

1. Zuerst den Basilikum waschen, trocken schütteln und klein hacken. Dann gemeinsam mit den weiteren Zutaten vermengen und cremig rühren.

2. Zuletzt das Dinkelmehl hinzugeben und untermischen. Den Teig in Kugeln formen und diese platt drücken.

3. Dann auf einem Backblech bei 160°C für etwa 25 Minuten im Ofen backen.

Kürbis Kekse

Zubereitungszeit: 30 min

Schwierigkeit: mittel

Zutaten:

- 150g Kartoffelmehl
- 100g Hokkaido Kürbis
- 2 TL Olivenöl
- 1 Ei

Zubereitung:

1. Als Erstes den Kürbis schälen, die Kerne entfernen und dann in einem Mixer fein pürieren.

2. Danach das Ei in einer Schüssel verquirlen und mit den weiteren Zutaten vermischen.

3. Falls der Teig zu flüssig sein sollte, etwas Mehl hinzufügen und dann zu einem glatten Teig verkneten.

4. Nun den Teig ausrollen und mithilfe eines Ausstechers portionieren.

5. Zu guter Letzt die Kekse im vorgeheizten Ofen bei 180°C Umluft für etwa 20 Minuten backen.

Fruchtige Schnitten

Zubereitungszeit: 40 min

Schwierigkeit: mittel

Zutaten:

- 200g Naturjoghurt (3,5% Fett)
- 100g Banane
- 80g Reismehl
- 50g Heidelbeeren
- 1 EL Honig
- Etwas Butter

Zubereitung:

1. Zuerst die Banane schälen und gemeinsam mit den Heidelbeeren in einem Mixer klein pürieren.

2. Danach den Joghurt, das Mehl und den Honig dazugeben.

3. Nun eine passende Auflaufform mit etwas Butter einfetten. Dann den Teig hineingeben.

4. Zuletzt in dem Ofen bei 180°C für etwa 30 Minuten backen.

Schönes-Fell Kekse

Zubereitungszeit: 35 min

Schwierigkeit: mittel

Zutaten:

- 250g Buchweizenmehl
- 125g Wildlachs
- 100g Frischkäse (körnig)
- 50g Spinat
- 2 EL Wasser
- 2 TL Seealgenpulver
- 1 EL Kokosöl

Zubereitung:

1. Als Erstes den Wildlachs in kleine Stücke schneiden.

2. Danach alle Zutaten, abgesehen von dem Mehl, in einen Mixer geben und klein pürieren.

3. Dann nach und nach das Mehl unterrühren und anschließend alles zu einem glatten Teig verkneten.

4. Den Teig ausrollen und mithilfe eines Ausstechers portionieren.

5. Zu guter Letzt für etwa 25 Minuten bei 180°C Umluft backen.

WEITERE LECKEREIEN

Dog Pops

Zubereitungszeit: 25 min

Schwierigkeit: mittel

Zutaten:

- 100ml Sojamilch
- 50gBuchweizenmehl
- 50g Rinderhack
- 2 Eier
- 2 EL Rote Bete (getrocknet)
- Kaustangen (für den Stiel)

Zubereitung:

1. Als Erstes die Eier trennen und das Eiweiß schaumig schlagen.

2. Danach das Eigelb mit der Sojamilch ebenfalls schaumig schlagen.

3. Anschließend das Rinderhack, die Rote Bete und den Eischnee unter das Eigelb heben.

4. Den Backofen auf 170°C Umluft vorheizen.

5. Nun den Teig entweder zu Bällen formen oder eine vorhandene Cake Pop Form nutzen.

6. In den Ofen geben und dann für etwa 12 Minuten backen. Sobald die Cake Pops fertig sind, die Stiele hineinstecken.

Käsestangen

Zubereitungszeit: 30 min

Schwierigkeit: mittel

Zutaten:

- 200g Dinkelmehl
- 60g Emmentaler
- 6 EL Wasser
- 2 Stiele Petersilie
- 1 EL Olivenöl

Zubereitung:

1. Zuerst die Petersilie waschen trocken schütteln und fein hacken.

2. Anschließend das Mehl in eine Schüssel geben. Dann nach und nach Wasser und Öl hineingeben bis der Teig eine gute Konsistenz hat.

3. Den Emmentaler reiben und dann gemeinsam mit der gehackten Petersilie in die Schüssel dazugeben und alle Zutaten zu einem Teig verkneten.

4. Zu guter Letzt den Teig zu gleich großen Stangen rollen und für etwa 20 Minuten bei 200°C Umluft backen bis die Stangen knusprig sind.

Käsecracker

Zubereitungszeit: 25 min

Schwierigkeit: leicht

Zutaten:

- 200g Buchweizenmehl
- 100g Emmentaler (gerieben)
- 100g Frischkäse (körnig)
- 50g Knäckebrot
- 1 Ei
- 1 EL Olivenöl

Zubereitung:

1. Als Erstes das Knäckebrot in kleine Stücke brechen. Anschließend gemeinsam mit den weiteren Zutaten in eine Schüssel geben.

2. Die Masse zu einem glatten Teig verkneten.

3. Dann zu kleinen Kugeln formen, auf ein Backblech geben und für etwa 15 Minuten bei 180°C Umluft backen.

Spinat-Waffeln

Zubereitungszeit: 20 min

Schwierigkeit: schwer

Zutaten:

- 80g Buchweizenmehl
- 50g Spinat (frisch)
- 50ml Milch (1,5% Fett)
- 20g Butter
- 1 Ei
- 1 EL Honig

Zubereitung:

1. Zunächst den Spinat mit der Milch in einen Mixer geben und fein pürieren.

2. Dann das Eigelb und das Eiweiß trennen. Die Butter schmelzen lassen.

3. Nun die geschmolzene Butter mit dem Eigelb, der Spinatmilch und dem Honig vermischen.

4. Das Eiweiß steif schlagen und unter die Masse heben.

5. Zu guter Letzt das Waffeleisen mit etwas Kokosöl einfetten und dann portionsweise Waffeln aus dem Teig backen.

Frischkäse-Waffeln

Zubereitungszeit: 20 min

Schwierigkeit: leicht

Zutaten:

- 50g Buchweizenmehl
- 50ml Milch (1,5% Fett)
- 30g Frischkäse
- 1 Ei

Zubereitung:

1. Als Erstes das Ei, den Frischkäse und die Milch miteinander vermengen. In einer weiteren Schüssel das Backpulver mit dem Mehl vermischen.

2. Dann alle Zutaten zusammen in einer Schüssel vermischen bis ein glatter Teig entstanden ist.

3. Das Waffeleisen mit etwas Kokosöl einfetten und dann stückweise die Waffeln darin backen. Abkühlen lassen und dann genießen.

Apfel-Donut

Zubereitungszeit: 30 min

Schwierigkeit: mittel

Zutaten:

- 160g Apfelmus
- 120g Vollkornmehl
- 3 EL Wasser (warm)
- 2 EL Agavendicksaft
- 1 Ei
- Etwas Naturjoghurt (3,5% Fett)

Zubereitung:

1. Zuerst das Mehl in eine Schüssel geben.

2. Den Apfelmus, das Ei, den Honig und das warme Wasser in die Schüssel dazu geben und alle Zutaten zu einem glatten Teig vermengen.

3. Dann den Teig entweder in eine Donut-Form geben oder zu einem Teigkreis legen und in die Mitte einen ofenfesten, runden Gegenstand geben. Für etwa 20 Minuten bei 180°C Umluft backen lassen.

4. Nachdem die Donuts fertig gebacken und etwas abgekühlt sind, mit griechischem Joghurt bestreichen.

Pfannkuchen

Zubereitungszeit: 15 min

Schwierigkeit: leicht

Zutaten:

- 400ml Kokosmilch
- 150g Buchweizenmehl
- 2 Eier
- 1 EL Honig
- 1 TL Zimt

Zubereitung:

1. Alle Zutaten in eine Schüssel geben und zu einem glatten Teig verrühren.

2. Anschließend den Teig portionsweise in eine Pfanne geben und mit ein bisschen Kokosöl backen bis beide Seiten goldbräun sind.

3. Nun etwas abkühlen lassen und dann genießen.

Apfel-Sellerie-Salat

Zubereitungszeit: 15 min

Schwierigkeit: leicht

Zutaten:

- 120g Apfel
- 75g griechischer Joghurt
- 50g Sellerie
- 2 EL Hanföl
- 2 TL Petersilie (gehackt)

Zubereitung:

1. Als Erstes den Sellerie schälen und grob hacken. Den Sellerie in einen Mixer geben und dann fein zu einer Masse pürieren.

2. Die Äpfel waschen und dann fein in eine Schüssel raspeln. Den Sellerie hinzufügen.

3. Nun den griechischen Joghurt, das Öl und die Petersilie unter die Masse heben. Alles gründlich miteinander vermengen.

Kokos Küchlein

Zubereitungszeit: 30 min

Schwierigkeit: leicht

Zutaten:

- 50g Kokosmehl
- 30g Kokosöl (zimmerwarm)
- 20g Kokosflocken
- 2 Eier
- ½ TL Honig
- ½ TL Backpulver
- 2 Minigugelhupf Formen

Zubereitung:

1. Zunächst die Eier, den Honig und das Kokosfett in einer Schüssel verrühren.

2. Dann das Mehl und das Backpulver miteinander vermengen und zunächst unter die Eimasse rühren und dann verkneten.

3. Zu guter Letzt den Teig in die Formen füllen und bei 180°C Umluft für etwa 20 Minuten backen.

Spinat-Muffins

Zubereitungszeit: 35 min

Schwierigkeit: leicht

Zutaten:

- 100g Spinat (frisch)
- 100g Frischkäse
- 100g Reismehl
- 1 Ei
- Muffinformen

Zubereitung:

1. Zuerst den Spinat gründlich waschen und in kleine Stücke schneiden.

2. Dann alle weiteren Zutaten zu einer Masse vermengen.

3. Anschließend den Teig auf Muffinformen verteilen.

4. Zu guter Letzt die Muffins für etwa 25 Minuten bei 160°C Umluft backen lassen.

Käse-Karotten-Muffins

Zubereitungszeit: 35 min

Schwierigkeit: leicht

Zutaten:

- 150g Buchweizenmehl
- 150g Karotten
- 125g Gouda
- 125ml Milch (1,5% Fett)
- 50g Sonnenblumenöl
- 2 Eier

Zubereitung:

1. Als Erstes die Karotten schälen und anschließend mithilfe einer Reibe klein raspeln. In eine Schüssel geben.

2. Den Käse ebenfalls reiben und dann gemeinsam mit den anderen Zutaten zu den Karotten geben.

3. Alle Zutaten zu einem glatten Teig verkneten. Danach Bällchen daraus formen, auf ein Backblech geben und dann platt drücken.

4. Dann für etwa 25 Minuten bei 175°C Umluft im Ofen backen lassen.

Cremiges Bananeneis

Zubereitungszeit: 10 min + 120 min Gefrierzeit

Schwierigkeit: leicht

Zutaten:

- 150g griechischer Joghurt
- 75g Banane
- 2 EL Erdnussbutter (salz- und zuckerfrei)
- 8-10 Hundekekse

Zubereitung:

1. Zunächst die Banane klein schneiden und mit den weiteren Zutaten in einen Mixer geben und pürieren.

2. Die cremige Masse in kleine Plastikbecher füllen. Dabei etwas Platz lassen, sodass noch ein Hundekeks hineinpasst.

3. Zu guter Letzt die Plastikbecher in das Tiefkühlfach stellen und für etwa 2 Stunden gefrieren lassen.

Fruchtiges Wassereis

Zubereitungszeit: 10 min + 120 min Gefrierzeit

Schwierigkeit: leicht

Zutaten:

- 200ml Kokosmilch
- 125g Himbeeren
- 125g Blaubeeren
- 50ml Wasser (still)

Zubereitung:

1. Zuerst das Wasser und die Kokosmilch mit den Früchten in einen Mixbehälter geben.

2. Dann alle Zutaten zu einer Masse pürieren.

3. Anschließend die Masse in eine Eiswürfelform geben, sodass einzelne Portionen entstehen. Dann einfrieren.

4. Mindestens 2 Stunden frieren lassen und dem Hund lieber vorsichtig geben, als beispielsweise zuwerfen.

Apfel-Chips

Zubereitungszeit: 20 min

Schwierigkeit: leicht

Zutaten:

- 100g Apfel
- Etwas Honig

Zubereitung:

1. Zuerst den Apfel waschen, das Kerngehäuse entfernen und dann in Ringe schneiden.

2. Danach die Scheiben mit etwas Honig einstreichen.

3. Auf einem Backblech für etwa 15 Minuten bei 90°C Umluft backen lassen.

Müsliriegel

Zubereitungszeit: 35 min

Schwierigkeit: leicht

Zutaten:

- 250g Haferflocken
- 200g Bananen
- 130g Datteln (entsteint)
- 70g Kokosöl
- 30g Paranüsse

Zubereitung:

1. Zunächst die Datteln in einen Mixer geben. Die Bananen schälen und ebenfalls hinzufügen. Gemeinsam klein mixen.

2. Dann die Nüsse klein hacken und gemeinsam mit den Haferflocken und dem Kokosöl zu einem Teig verarbeiten.

3. Anschließend die Masse auf ein Backpapier geben und zu einem Rechteck formen.

4. Den Teig für etwa 25 Minuten bei 170°C Umluft backen.

5. Sobald der Teig fertig gebacken ist, etwas abkühlen lassen und dann in kleine Portionen schneiden.

Erdbeerbällchen

Zubereitungszeit: 30 min

Schwierigkeit: mittel

Zutaten:

- 200g Vollkornmehl
- 150g Haferflocken
- 100g Banane
- 75ml Naturjoghurt (3,5% Fett)
- 6 frische Erdbeeren

Zubereitung:

1. Zuerst die Banane in eine Schüssel geben und mit einer Gabel zerkleinern.

2. Als Zweites die Erdbeeren abwaschen, den Strunk entfernen und in kleine Stückchen schneiden.

3. Dann den Joghurt, die Haferflocken, die Erdbeerstücke und 150g Mehl in eine Schüssel geben.

4. Danach alle Zutaten mit der Hand zu einem glatten Teig verkneten. Sollte der Teig noch zu klebrig sein, etwas mehr Mehl hinzufügen.

5. Zuletzt den Teig zu Bällchen formen und dann für etwa 20 Minuten bei 160°C Umluft im Ofen backen.

Süßkartoffel-Brezeln

Zubereitungszeit: 35 min

Schwierigkeit: mittel

Zutaten:

- 200g Süßkartoffeln
- 200g Buchweizenmehl
- 1 Ei
- 1 EL Leinsamen

Zubereitung:

1. Zunächst den Ofen auf 170°C Umluft vorheizen.

2. Dann die Süßkartoffeln schälen, grob schneiden und anschließend in einem Mixer pürieren.

3. Als Drittes das Mehl und die Leinsamen mit dem Ei und den Süßkartoffeln in einer Schüssel vermengen.

4. Den Teig in kleine dünne Stücke rollen und anschließend wie eine Brezel formen.

5. Zuletzt auf einem Backblech für etwa 25 Minuten backen lassen.

SCHLUSSWORT

Zunächst einmal bedanken wir uns herzlich bei dir, dass du dich für unser Buch entschieden hast und hoffen, dass es dir gefallen hat. Weiterhin hoffen wir, dass dir dieses Buch weitergeholfen hat und du mehr Abwechslung in den Alltag deines Hundes bringen konntest. So konntet ihr vielleicht einige Kommandos vertiefen oder Neue erlernen. Genauso konntet ihr eure Beziehung intensivieren und einfach viel Spaß miteinander haben. Du hast gelernt wie vielseitig die Bewegung deines Hundes gestaltet werden kann. Zusätzlich haben wir dir einige Rezepte zum Zubereiten leckerer Belohnungen für deinen Hund gegeben mit denen du deinen Hund verwöhnen kannst. Bleib bei der Sache, biete dir und deinem Hund mehr Abwechslung im Alltag und stärke eure Beziehung. Dein Hund wird es dir danken!

Es ist ein erster Schritt sich mit diesem Thema zu befassen und dieses Buch soll die Grundlage dazu bilden die Kreativität in dir anzuregen und immer wieder Spaß und Freude am Spielen mit deinem Hund zu haben. Dein Hund wird sich sehr darüber freuen, wenn du dich gerne mit ihm beschäftigst und deinen Hund vielseitig beschäftigst.

Wenn dir dieses Buch gefallen hat, kannst du es sehr gerne anderen Leuten weiterempfehlen oder auch eine Rezension auf Amazon hinterlassen, um anderen Menschen bei ihrer Entscheidung zu helfen. Das ist auch für uns nochmal eine gute Möglichkeit um Feedback zu bekommen.

DogBuddies Academy

Unsere Empfehlung für dich

Wenn du deinen Hund als Welpen zu dir nimmst, sollte er ab einem gewissen Alter zur Hundeschule gehen, damit du ihn besser erziehen kannst. Auch wenn dein Hund nicht als Welpe zu dir kam, kann es durchaus möglich sein, dass du eine Hundeschule aufsuchen möchtest, um deinen Hund zu erziehen. Allerdings heißt der Besuch der Hundeschule nicht direkt, dass dein Hund das Gelernte für immer behält und beherrscht. Im Alltag schleichen sich nur allzu schnell kleine Nachlässigkeiten ein, bei denen du dir dann von Zeit zu Zeit vornimmst sie deinem Hund wieder auszutreiben. Die Zeit dafür findet sich jedoch meist nicht oder du findest keine geeignete Hundeschule, die sich dann noch in deiner Nähe befindet. So befindest du dich in einem Zwiespalt. Durch die Kleinigkeiten, die sich eingeschlichen haben, wird die Beziehung zwischen dir und deinem Hund teilweise eingeschränkt, dennoch hast du zur Zeit nicht die Möglichkeit diese Probleme vernünftig aus der Welt zu schaffen. Vor allem bei anspruchsvolleren Beschäftigungen ist es wichtig, dass dein Hund gewisse Kommandos einwandfrei beherrscht. Darüber hinaus ist es so wichtig, dass dein Hund gut an der Leine läuft, aber auch ohne Leine laufen kein Problem darstellt.

Damit du in Zukunft nicht mehr auf die Verfügbarkeit einer Hundeschule in deiner Nähe angewiesen bist oder dich nach festen Zeiten richten musst, haben wir hier die optimale Empfehlung für DICH:

http://bit.ly/DogBuddies

Dieses Training bietet dir die optimale Lösung um deinen Alltag mit deinem Hund zu erleichtern und gewisse Dinge, die sich mit der Zeit in der Erziehung eingeschlichen haben, wieder zu beseitigen. Wenn du bisher immer damit zu kämpfen hattest, dass dein Hund an der Leine zieht und eher mit dir spazieren geht als umgekehrt und deinen Hund zusätzlich nur an der Leine führen kannst, da er ohne nicht laufen kann, dann solltest du dir Hilfe suchen, um deinem Hund relativ schnell und sicher diese Flausen auszutreiben. Hundetrainer sind oft teurer und haben feste Zeiten, sodass es dir nicht möglich sein wird dir genug Zeit zunehmen. Es ist aber so wichtig, dass Hundetraining nicht nur mit dir selbst auszumachen und eigene Methoden anzuwenden, da sonst andere Probleme aufkommen können. Weitere Probleme könnten beispielsweise in der Aggression deines Hundes gegenüber anderen Hunden liegen oder aber, dass dein Hund zu Dominanzverhalten neigt.

Bücher über die Hundeerziehung sind nicht schlecht, aber es kann nicht schaden gewisse Dinge visuell wahrzunehmen. Dementsprechend bietet dieser Online Kurs unserer Meinung nach die optimale Lösung um die verfügbare Zeit optimal dafür nutzen zu können, dem Hund gewisse Dinge beizubringen oder auszutreiben.

Die genauen Inhalte unserer Empfehlung kannst du dir in Ruhe auf der Seite angucken und somit schauen, ob dieser Kurs auch für dich und deinen Vierbeiner das Richtige ist.

Hinweis: Der Kurs und der Verfasser dieses Buches haben nicht den gleichen Urheber. Dementsprechend haftet der jeweils andere Urheber nicht für die Inhalte des anderen. Wir sprechen hiermit lediglich eine Empfehlung aus, da wir in dem Produkt eine super Sache für jeden Hundebesitzer sehen.

Notizen

Hier hast du genügend Platz, um dir Anmerkungen zu den einzelnen Spielen oder Rezepten zu notieren. Außerdem könntest du Einkaufslisten hier aufschreiben oder generelle Dinge, die dich und deinen Hund betreffen.

Rechtliches

Haftungsausschluss

Die Benutzung dieses Buches und die Umsetzung der darin enthaltenen Informationen erfolgt ausdrücklich auf eigenes Risiko. Haftungsansprüche gegen den Autor für Schäden materieller oder ideeller Art, die durch die Nutzung oder Nichtnutzung der Informationen bzw. durch die Nutzung fehlerhafter und/oder unvollständiger Informationen verursacht wurden, sind grundsätzlich ausgeschlossen. Rechts- und Schadenersatzansprüche sind daher ausgeschlossen. Das Werk inklusive aller Inhalte wurde unter größter Sorgfalt erarbeitet. Der Autor übernimmt jedoch keine Gewähr für die Aktualität, Korrektheit, Vollständigkeit und Qualität der bereitgestellten Informationen. Druckfehler und Falschinformationen können nicht vollständig ausgeschlossen werden. Der Autor übernimmt keine Haftung für die Aktualität, Richtigkeit und Vollständigkeit der Inhalte des Buches, ebenso nicht für Druckfehler. Es kann keine juristische Verantwortung sowie Haftung in irgendeiner Form für fehlerhafte Angaben und daraus entstandenen Folgen vom Autor übernommen werden.

Haftungsausschluss und allgemeiner Hinweis zu medizinischen Themen: Die hier dargestellten Inhalte dienen ausschließlich der neutralen Information und allgemeinen Weiterbildung. Sie stellen keine Empfehlung oder Bewerbung der beschriebenen oder erwähnten diagnostischen Methoden, Behandlungen oder Arzneimittel dar. Der Text erhebt weder einen Anspruch auf Vollständigkeit noch kann die Aktualität, Richtigkeit und Ausgewogenheit der dargebotenen Information garantiert werden. Der Text ersetzt keinesfalls die fachliche Beratung durch einen Arzt oder Apotheker und er darf nicht als Grundlage zur eigenständigen Diagnose und Beginn, Änderung oder Beendigung einer Behandlung von Krankheiten verwendet werden. Konsultieren Sie bei gesundheitlichen Fragen oder Beschwerden immer den Arzt Ihres Vertrauens! Wikibooks und Autoren übernehmen keine Haftung für Unannehmlichkeiten oder Schäden, die sich aus der Anwendung der hier dargestellten Information ergeben. Beachten Sie auch den Haftungsausschluss und dort insbesondere den wichtigen Hinweis für Beiträge im Bereich Gesundheit.

Quelle: wikibooks

Haftung für Links

Unser Angebot enthält Links zu externen Websites Dritter, auf deren Inhalte wir keinen Einfluss haben. Deshalb können wir für diese fremden Inhalte auch keine Gewähr übernehmen. Für die Inhalte der verlinkten Seiten ist stets der jeweilige Anbieter oder Betreiber der Seiten verantwortlich. Die verlinkten Seiten wurden zum Zeitpunkt der Verlinkung auf mögliche Rechtsverstöße überprüft. Rechtswidrige Inhalte waren zum Zeitpunkt der Verlinkung nicht erkennbar.

Eine permanente inhaltliche Kontrolle der verlinkten Seiten ist jedoch ohne konkrete Anhaltspunkte einer Rechtsverletzung nicht zumutbar. Bei Bekanntwerden von Rechtsverletzungen werden wir derartige Links umgehend entfernen.

Urheberrecht

Die durch die Seitenbetreiber erstellten Inhalte und Werke auf diesen Seiten unterliegen dem deutschen Urheberrecht. Die Vervielfältigung, Bearbeitung, Verbreitung und jede Art der Verwertung außerhalb der Grenzen des Urheberrechtes bedürfen der schriftlichen Zustimmung des jeweiligen Autors bzw. Erstellers. Downloads und Kopien dieser Seite sind nur für den privaten, nicht kommerziellen Gebrauch gestattet.

Soweit die Inhalte auf dieser Seite nicht vom Betreiber erstellt wurden, werden die Urheberrechte Dritter beachtet. Insbesondere werden Inhalte Dritter als solche gekennzeichnet. Sollten Sie trotzdem auf eine Urheberrechtsverletzung aufmerksam werden, bitten wir um einen entsprechenden Hinweis. Bei Bekanntwerden von Rechtsverletzungen werden wir derartige Inhalte umgehend entfernen.

Quelle: eRecht 24

Impressum

DogBuddies Academy wird vertreten durch:

Frederike Knecht

Humboldtstraße 120

22083 Hamburg

Deutschland

Cover by lauria

Coverbilder: vikarus, Brusnikaphoto, rixipix | depositphotos.com

Icons:

Pfote: Icons made by Freepik from www.flaticon.com is licensed by CC 3.0 BY

Hundegesicht: Icons made by Freepik from www.flaticon.com is licensed by CC 3.0 BY

Knochen Icon: Icons made by Freepik from www.flaticon.com is licensed by CC 3.0 BY

Glühbirne: Icons made by Good Ware from www.flaticon.com is licensed by CC 3.0 BY

Kegeln: Icons made by Freepik from www.flaticon.com is licensed by CC 3.0 BY

Hammer: Icons made by monkik from www.flaticon.com is licensed by CC 3.0 BY